Hint Mutfağı 2023

Geleneksel Hint Yemekleri Tarifleri ve Kültürü

Anjali Sharma

İçindekiler

Murgh Bagan-e-Bahar 18
    İçindekiler 18
    Yöntem 19

Tereyağlı tavuk 20
    İçindekiler 20
    Yöntem 21

tavuk sukha 22
    İçindekiler 22
    Yöntem 23

Hint Kızarmış Tavuk 24
    İçindekiler 24
    Yöntem 25

Baharatlı Kapışma 26
    İçindekiler 26
    Yöntem 26

Kuru Hindistan Cevizli Körili Tavuk 27
    İçindekiler 27
    Yöntem 28

Basit Tavuk 29
    İçindekiler 29
    Yöntem 30

Güney Körili Tavuk 31
    İçindekiler 31

Baharat için: 32

Yöntem 32

Hindistan Cevizi Sütünde Tavuk Güveç 33

İçindekiler 33

Yöntem 34

Chandi Tikka 35

İçindekiler 35

Yöntem 36

Tandır Tavuğu 37

İçindekiler 37

Yöntem 38

Murgh Lajawab 39

İçindekiler 39

Yöntem 40

lahori tavuğu 41

İçindekiler 41

Yöntem 42

Tavuk ciğeri 43

İçindekiler 43

Yöntem 43

balti tavuğu 44

İçindekiler 44

Yöntem 45

keskin tavuk 46

İçindekiler 46

Yöntem 47

tavuk dilrubası 48

İçindekiler 48

Yöntem 49

Kızarmış Tavuk Kanadı 50

İçindekiler 50

Yöntem 50

Murgh Mussalam 51

İçindekiler 51

Yöntem 52

Tavuk Lokumu 53

İçindekiler 53

Yöntem 54

Sallı Tavuk 55

İçindekiler 55

Yöntem 56

kızarmış tavuk 57

İçindekiler 57

Yöntem 58

tavuk arama 59

İçindekiler 59

Yöntem 59

Nadan Kozhikari 60

İçindekiler 60

Yöntem 61

annemin tavuğu 62

İçindekiler 62

Yöntem 63

Methi Tavuğu 64

İçindekiler 64

Yöntem 65

Baharatlı Tavuk Baget 66

İçindekiler 66

Baharat karışımı için: 66

Yöntem 67

Dieter'in Körili Tavuk 68

İçindekiler 68

Yöntem 69

göksel tavuk 70

İçindekiler 70

Baharat karışımı için: 70

Yöntem 71

Tavuk Rizala 72

İçindekiler 72

Yöntem 73

Tavuk Sürprizi 74

İçindekiler 74

Yöntem 75

peynirli tavuk 76

İçindekiler 76

Marine için: 76

Yöntem 77

Dana Korma 78

İçindekiler 78

Baharat karışımı için: 78

Yöntem 79

Dhal Kheema 80

  İçindekiler 80

  Baharat karışımı için: 81

  Yöntem 81

domuz köri 82

  İçindekiler 82

  Baharat karışımı için: 82

  Yöntem 83

Şikampur Kebabı 84

  İçindekiler 84

  Yöntem 85

Özel Koyun Eti 87

  İçindekiler 87

  Baharat karışımı için: 87

  Yöntem 88

Yeşil Masala Pirzola 89

  İçindekiler 89

  Baharat karışımı için: 89

  Yöntem 90

Katmanlı Kebap 91

  İçindekiler 91

  Beyaz katman için: 91

  Yeşil katman için: 91

  Turuncu katman için: 92

  Et tabakası için: 92

  Yöntem 92

Barrah Şampiyonu 94

İçindekiler 94

Yöntem 95

Kuzu Turşu 96

İçindekiler 96

Yöntem 97

Goan Kuzu Köri 99

İçindekiler 99

Baharat karışımı için: 99

Yöntem 100

Bagara Et 101

İçindekiler 101

Baharat karışımı için: 101

Yöntem 102

Hindistan Cevizi Sütünde Ciğer 103

İçindekiler 103

Baharat karışımı için: 103

Yöntem 104

Yoğurtlu Kuzu Masala 105

İçindekiler 105

Baharat karışımı için: 105

Yöntem 106

Khada Masala'daki Korma 107

İçindekiler 107

Yöntem 108

Kuzu & Böbrek Köri 109

İçindekiler 109

Baharat karışımı için: 110

Yöntem 110
Gosht Gulfaam 112
    İçindekiler 112
    Sosu için: 112
    Yöntem 113
Kuzu Do Pyaaza 114
    İçindekiler 114
    Yöntem 115
Sebzeli Kuzu 116
    İçindekiler 116
    Yöntem 117
Körili Dana Patatesli 118
    İçindekiler 118
    Yöntem 119
Baharatlı Kuzu Masala 120
    İçindekiler 120
    Yöntem 121
Rogan Josh 122
    İçindekiler 122
    Yöntem 123
Izgara Domuz Kaburga 124
    İçindekiler 124
    Yöntem 124
Hindistan Cevizi Sütlü Sığır Eti 125
    4 kişilik 125
    İçindekiler 125
    Yöntem 126

domuz kebabı 127

    İçindekiler 127

    Yöntem 127

Dana Biber Kızartması 128

    İçindekiler 128

    Yöntem 129

Sığır Eti İskoç Yumurtası 130

    İçindekiler 130

    Yöntem 130

Malabar Usulü Kuru Dana Eti 131

    İçindekiler 131

    Baharat karışımı için: 131

    Yöntem 132

Moghlai Kuzu Pirzola 133

    İçindekiler 133

    Yöntem 133

Bamya ile Dana 134

    İçindekiler 134

    Yöntem 135

Dana Baffad 136

    İçindekiler 136

    Yöntem 137

Badami Gosht 138

    İçindekiler 138

    Yöntem 139

Hint Kızarmış Sığır Eti 140

    İçindekiler 140

Yöntem 141
Khatta Pudina Pirzola 142
    İçindekiler 142
    Yöntem 143
Hint Dana Biftek 144
    İçindekiler 144
    Yöntem 144
Yeşil Soslu Kuzu 145
    İçindekiler 145
    Yöntem 146
Kolay Kuzu Kıyma 147
    İçindekiler 147
    Yöntem 147
Domuz Sorpotel 148
    İçindekiler 148
    Yöntem 149
Kuzu Turşusu 150
    İçindekiler 150
    Yöntem 150
haleem 151
    İçindekiler 151
    Yöntem 152
Yeşil Masala Kuzu Pirzola 153
    İçindekiler 153
    Yöntem 154
Çemen Kuzu Ciğer 155
    İçindekiler 155

Yöntem 155
Hüseyin Dana Eti 157
    İçindekiler 157
    Baharat karışımı için: 157
    Yöntem 158
methi kuzu 159
    İçindekiler 159
    Yöntem 160
Sığır Eti 161
    İçindekiler 161
    Baharat karışımı için: 161
    Yöntem 162
Kuzu Güveç 163
    İçindekiler 163
    Yöntem 163
Kakule Aromalı Kuzu 164
    İçindekiler 164
    Yöntem 165
Kheema 166
    İçindekiler 166
    Yöntem 166
Baharatlı Domuz Kızartması 167
    İçindekiler 167
    Baharat karışımı için: 167
    Yöntem 168
Tandır Raan 169
    İçindekiler 169

Yöntem 170

Tala Kuzu 171

   İçindekiler 171

   Baharat karışımı için: 171

   Yöntem 172

kızarmış dil 173

   İçindekiler 173

   Yöntem 174

Kızarmış Kuzu Böreği 175

   İçindekiler 175

   Yöntem 176

Masala Ciğer Kızartması 177

   İçindekiler 177

   Yöntem 178

Baharatlı Dana Dili 179

   İçindekiler 179

   Yöntem 180

Kuzu Pasanda 181

   İçindekiler 181

   Yöntem 181

Kuzu ve Elma Körili 182

   İçindekiler 182

   Yöntem 183

Andra Usulü Kuru Koyun Eti 184

   İçindekiler 184

   Yöntem 184

Basit Dana Köri 185

İçindekiler 185

Yöntem 185

Gosht Korma 186

İçindekiler 186

Yöntem 187

Erachi Pirzola 188

İçindekiler 188

Yöntem 189

Fırında Kıyma 190

İçindekiler 190

Yöntem 190

Kaleji Do Pyaaza 191

İçindekiler 191

Yöntem 192

kemikli kuzu 193

İçindekiler 193

Yöntem 194

Sığır Vindaloo 195

İçindekiler 195

Yöntem 196

Köri soslu biftek 197

İçindekiler 197

Yöntem 198

Kabak ile Koyun Eti 199

İçindekiler 199

Yöntem 200

Gushtaba 201

İçindekiler 201
Yöntem 202
Karışık Yeşillik ve Baharatlı Koyun Eti 203
İçindekiler 203
Yöntem 204
Limonlu Kuzu 205
İçindekiler 205
Yöntem 206
Bademli Kuzu Pasanda 207
İçindekiler 207
Yöntem 208
Domuz Sosisli Biber Kızartması 209
İçindekiler 209
Yöntem 210
Koyun eti Şah Cihan 211
İçindekiler 211
Baharat karışımı için: 211
Yöntem 212
Basit Körili Tavuk 213
İçindekiler 213
Yöntem 214
Körili Ekşi Tavuk 215
İçindekiler 215
Yöntem 216
Anjeer Kuru Piliç 217
İçindekiler 217
Marine için: 217

    Yöntem 218

Tavuk Yoğurt 219

    İçindekiler 219

    Yöntem 220

Murgh Bagan-e-Bahar

(Izgara Tavuk Baget)

4 kişilik

İçindekiler

tatmak için tuz

1½ çay kaşığı zencefil ezmesi

1½ çay kaşığı sarımsak ezmesi

1 çay kaşığı garam masala

8 adet tavuk budu

30g/1oz nane yaprağı, ince kıyılmış

2 yemek kaşığı kuru nar taneleri

50g/1¾oz yoğurt

1 çay kaşığı öğütülmüş karabiber

1 limon suyu

Çat masala*tatmak

Yöntem

- Tuz, zencefil ezmesi, sarımsak ezmesi ve garam masalayı karıştırın. Bagetlere kesikler atın ve bu karışımla 1 saat marine edin.

- Chaat masala hariç kalan malzemeleri birlikte öğütün.

- Öğütülmüş karışımı tavukla karıştırın ve 4 saat bekletin.

- Tavuğu 30 dakika ızgara yapın. Chaat masala serpin. Sert.

Tereyağlı tavuk

4 kişilik

İçindekiler

1 kg/2¼lb tavuk, 12 parçaya bölünmüş

tatmak için tuz

1 çay kaşığı zerdeçal

1 limon suyu

4 yemek kaşığı tereyağı

3 büyük soğan, ince doğranmış

1 çay kaşığı zencefil ezmesi

1 tatlı kaşığı sarımsak ezmesi

1 yemek kaşığı öğütülmüş kişniş

4 büyük domates, püre

125 gr yoğurt

Yöntem

- Tavuğu tuz, zerdeçal ve limon suyuyla bir saat marine edin.

- Tereyağını bir tencerede ısıtın. Soğanları ekleyin ve yarı saydam olana kadar kızartın.

- Zencefil ezmesi, sarımsak ezmesi ve öğütülmüş kişniş ekleyin. Orta ateşte 5 dakika kızartın.

- Marine edilmiş tavuğu ekleyin. 5 dakika kızartın. Domates püresini ve yoğurdu ekleyin. Bir kapakla örtün ve 35 dakika pişirin. Sıcak servis yapın.

tavuk sukha

(Kuru Tavuk)

4 kişilik

İçindekiler

2 yemek kaşığı rafine bitkisel yağ

4 büyük soğan, ince doğranmış

1 kg/2¼lb tavuk, 12 parçaya bölünmüş

4 domates, ince doğranmış

1 çay kaşığı zerdeçal

2 yeşil biber, dilimlenmiş

8 diş sarımsak, ezilmiş

5 cm/2 inç kök zencefil, rendelenmiş

2 yemek kaşığı garam masala

2 küp tavuk suyu

tatmak için tuz

50g/1¾oz kişniş yaprağı, doğranmış

Yöntem

- Yağı bir tencerede ısıtın. Orta ateşte soğanları pembeleşinceye kadar kavurun. Kişniş yaprakları hariç kalan malzemeleri ekleyin.

- İyice karıştırın ve ara sıra karıştırarak 40 dakika kısık ateşte pişirin.

- Kişniş yaprakları ile süsleyin. Sıcak servis yapın.

Hint Kızarmış Tavuk

4 kişilik

İçindekiler

1kg/2¼lb tavuk

1 yemek kaşığı limon suyu

tatmak için tuz

2 büyük soğan

2,5 cm/1 inç kök zencefil

4 diş sarımsak

3 karanfil

3 yeşil kakule bakla

5 cm/2 inç tarçın

4 yemek kaşığı rafine bitkisel yağ

200g galeta unu

2 elma, doğranmış

4 haşlanmış yumurta, doğranmış

Yöntem

- Tavuğu limon suyu ve tuzla 1 saat marine edin.

- Pürüzsüz bir macun oluşturmak için soğan, zencefil, sarımsak, karanfil, kakule ve tarçını yeterli suyla öğütün.

- Yağı bir tencerede ısıtın. Salçayı ekleyin ve 7 dakika kısık ateşte kavurun. Ekmek kırıntılarını, elmaları ve tuzu ekleyin. 3-4 dakika pişirin.

- Tavuğu bu karışımla doldurun ve 230°C (450°F, Gas Mark 8) fırında 40 dakika kızartın. Yumurtalarla süsleyin. Sıcak servis yapın.

Baharatlı Kapışma

4 kişilik

İçindekiler

3 yemek kaşığı rafine bitkisel yağ

750g/1lb 10oz tavuk sosisi, dilimlenmiş

4 yeşil biber, jülyen doğranmış

1 tatlı kaşığı pul biber

2 çay kaşığı öğütülmüş kimyon

10 diş sarımsak, ince kıyılmış

3 domates, dörde bölünmüş

4 yemek kaşığı soğuk su

½ çay kaşığı taze çekilmiş biber

tatmak için tuz

4 yumurta, hafifçe çırpılmış

Yöntem

- Yağı bir tencerede ısıtın. Sosisleri ekleyin ve orta ateşte kahverengi olana kadar kızartın. Yumurta hariç kalan tüm malzemeleri ekleyin. İyice karıştırın. 8-10 dakika kısık ateşte pişirin.

- Yavaşça yumurtaları ekleyin ve yumurtalar bitene kadar çırpın. Sıcak servis yapın.

Kuru Hindistan Cevizli Körili Tavuk

4 kişilik

İçindekiler

1 kg/2¼lb tavuk, 12 parçaya bölünmüş

tatmak için tuz

Yarım limon suyu

1 büyük soğan, dilimlenmiş

4 yemek kaşığı kurutulmuş hindistan cevizi

1 çay kaşığı zerdeçal

8 diş sarımsak

2,5 cm/1 inç kök zencefil

½ çay kaşığı rezene tohumu

1 çay kaşığı garam masala

1 çay kaşığı haşhaş tohumu

4 yemek kaşığı rafine bitkisel yağ

500ml/16fl ons su

Yöntem

- Tavuğu tuz ve limon suyuyla 30 dakika marine edin.

- Soğanı ve hindistan cevizini 5 dakika kavurun.

- Yağ ve su hariç kalan tüm malzemelerle karıştırın. Pürüzsüz bir macun oluşturmak için yeterli su ile öğütün.

- Yağı bir tencerede ısıtın. Salçayı ekleyip 7-8 dakika kısık ateşte kavurun. Tavukları ve suyu ekleyin. 40 dakika kaynatın. Sıcak servis yapın.

Basit Tavuk

4 kişilik

İçindekiler

1kg/2¼lb tavuk, 8 parçaya bölünmüş

tatmak için tuz

1 tatlı kaşığı pul biber

½ çay kaşığı zerdeçal

3 yemek kaşığı rafine bitkisel yağ

2 büyük soğan, ince dilimlenmiş

1 çay kaşığı zencefil ezmesi

1 tatlı kaşığı sarımsak ezmesi

4-5 adet bütün kırmızı biber, çekirdekleri çıkarılmış

4 küçük domates, ince doğranmış

1 yemek kaşığı garam masala

250ml/8 fl ons su

Yöntem

- Tavuğu tuz, karabiber ve pul biberle 1 saat marine edin.

- Yağı bir tencerede ısıtın. Soğanları ekleyin ve orta ateşte kahverengi olana kadar kızartın. Zencefil ezmesini ve sarımsak ezmesini ekleyin. 1 dakika kızartın.

- Marine edilmiş tavuğu ve kalan malzemeleri ekleyin. İyice karıştırın. Bir kapakla örtün ve 40 dakika pişirin. Sıcak servis yapın.

Güney Körili Tavuk

4 kişilik

İçindekiler

1 çay kaşığı zencefil ezmesi

1 tatlı kaşığı sarımsak ezmesi

2 yeşil biber, ince kıyılmış

1 çay kaşığı limon suyu

tatmak için tuz

1 kg/2¼lb tavuk, 10 parçaya doğranmış

3 yemek kaşığı rafine bitkisel yağ

2,5 cm/1 inç tarçın

3 yeşil kakule bakla

3 karanfil

1 yıldız anason

2 defne yaprağı

3 büyük soğan, ince doğranmış

½ çay kaşığı toz biber

½ çay kaşığı zerdeçal

1 yemek kaşığı öğütülmüş kişniş

250ml/8 fl oz hindistan cevizi sütü

Baharat için:

½ çay kaşığı hardal tohumu

8 köri yaprağı

3 bütün kuru kırmızı biber

Yöntem

- Zencefil ezmesi, sarımsak ezmesi, yeşil biber, limon suyu ve tuzu birlikte karıştırın. Tavuğu bu karışımla 30 dakika marine edin.

- Bir tencerede yağın yarısını ısıtın. Tarçın, kakule, karanfil, yıldız anason ve defne yapraklarını ekleyin. 30 saniye boyunca tükürmelerine izin verin.

- Soğanları ekleyin ve orta ateşte pembeleşinceye kadar kavurun.

- Marine edilmiş tavuğu, pul biberi, zerdeçalı ve öğütülmüş kişnişi ekleyin. İyice karıştırın ve bir kapakla örtün. 20 dakika kısık ateşte pişirin.

- Hindistan cevizi sütünü ekleyin. İyice karıştırın ve sık sık karıştırarak 10 dakika daha pişirin. Kenara koyun.

- Kalan yağı küçük bir tencerede ısıtın. Baharat malzemelerini ekleyin. 30 saniye boyunca tükürmelerine izin verin.

- Bu baharatı tavuk köri içine dökün. İyice karıştırın ve sıcak servis yapın.

Hindistan Cevizi Sütünde Tavuk Güveç

4 kişilik

İçindekiler

2 yemek kaşığı rafine bitkisel yağ

2 soğan, her biri 8 parçaya bölünmüş

1 çay kaşığı zencefil ezmesi

1 tatlı kaşığı sarımsak ezmesi

3 yeşil biber, uzunlamasına dilimlenmiş

2 yemek kaşığı garam masala

8 adet tavuk budu

750ml/1¼ pint hindistan cevizi sütü

200g/7oz dondurulmuş karışık sebzeler

tatmak için tuz

2 çay kaşığı pirinç unu, 120ml/4 fl oz suda çözülmüş

Yöntem

- Yağı bir tencerede ısıtın. Soğan, zencefil ezmesi, sarımsak ezmesi, yeşil biber ve garam masala ekleyin. Sürekli karıştırarak 5 dakika kızartın.

- Bagetleri ve hindistancevizi sütünü ekleyin. İyice karıştırın. 20 dakika kaynatın.

- Sebzeleri ve tuzu ekleyin. İyice karıştırın ve 15 dakika pişirin.

- Pirinç unu karışımını ekleyin. 5-10 dakika demlendirip sıcak servis yapın.

Chandi Tikka

(Yulaf ezmesi ile kaplanmış Kızarmış Tavuk Parçaları)

4 kişilik

İçindekiler

1 yemek kaşığı limon suyu

1 çay kaşığı zencefil ezmesi

1 tatlı kaşığı sarımsak ezmesi

75 gr/2½ ons Çedar peyniri

200g yoğurt

¾ çay kaşığı öğütülmüş beyaz biber

1 tatlı kaşığı çörek otu tohumu

tatmak için tuz

4 tavuk göğsü

1 yumurta, çırpılmış

45g yulaf ezmesi

Yöntem

- Tavuk göğsü, yumurta ve yulaf ezmesi hariç tüm malzemeleri karıştırın. Tavuğu bu karışımla 3-4 saat marine edin.

- Marine edilmiş tavuk göğüslerini yumurtaya bulayın, yulaf ezmesine bulayın ve ara sıra çevirerek bir saat kadar ızgara yapın. Sıcak servis yapın.

Tandır Tavuğu

4 kişilik

İçindekiler

1 yemek kaşığı limon suyu

2 çay kaşığı zencefil ezmesi

2 çay kaşığı sarımsak ezmesi

2 yeşil biber, ince rendelenmiş

1 yemek kaşığı kişniş yaprağı, öğütülmüş

1 tatlı kaşığı pul biber

1 yemek kaşığı garam masala

1 yemek kaşığı öğütülmüş çiğ papaya

½ çay kaşığı portakal gıda boyası

1½ yemek kaşığı rafine bitkisel yağ

tatmak için tuz

1kg/2¼lb bütün tavuk

Yöntem

- Tavuk hariç tüm malzemeleri karıştırın. Tavuğun üzerine kesikler atın ve bu karışımla 6-8 saat marine edin.

- Tavuğu 200°C (400°F, Gas Mark 6) fırında 40 dakika kızartın. Sıcak servis yapın.

Murgh Lajawab

(Zengin Hint Baharatları ile pişirilmiş tavuk)

4 kişilik

İçindekiler

1 kg/2¼lb tavuk, 8 parçaya doğranmış 1 çay kaşığı zencefil ezmesi

1 tatlı kaşığı sarımsak ezmesi

4 yemek kaşığı tereyağı

2 çay kaşığı haşhaş tohumu, öğütülmüş

1 tatlı kaşığı kavun çekirdeği*, zemin

6 badem

3 yeşil kakule bakla

¼ çay kaşığı öğütülmüş hindistan cevizi

1 çay kaşığı garam masala

2 adet topuz

tatmak için tuz

750ml/1¼ pint süt

6 iplikçik safran

Yöntem

- Tavuğu zencefil ezmesi ve sarımsak ezmesi ile bir saat marine edin.

- Tereyağını bir sos tavasında ısıtın ve marine edilmiş tavuğu orta ateşte 10 dakika kızartın.

- Süt ve safran hariç kalan tüm malzemeleri ekleyin. İyice karıştırın, bir kapakla örtün ve 20 dakika pişirin.

- Süt ve safranı ekleyip 10 dakika pişirin. Sıcak servis yapın.

lahori tavuğu

(Kuzey-Batı Sınır Tarzı Tavuk)

4 kişilik

İçindekiler

50g/1¾oz yoğurt

1 çay kaşığı zencefil ezmesi

1 tatlı kaşığı sarımsak ezmesi

1 tatlı kaşığı pul biber

½ çay kaşığı zerdeçal

1 kg/2¼lb tavuk, 12 parçaya bölünmüş

4 yemek kaşığı rafine bitkisel yağ

2 büyük soğan, ince doğranmış

1 çay kaşığı susam, öğütülmüş

1 çay kaşığı haşhaş tohumu, öğütülmüş

10 kaju fıstığı, öğütülmüş

2 büyük yeşil biber, çekirdekleri çıkarılmış ve ince doğranmış

500ml/16fl oz hindistan cevizi sütü

tatmak için tuz

Yöntem

- Yoğurt, zencefil ezmesi, sarımsak ezmesi, kırmızı toz biber ve zerdeçalı karıştırın. Tavuğu bu karışımla 1 saat marine edin.

- Yağı bir tencerede ısıtın. Soğanları kahverengi olana kadar kısık ateşte kızartın.

- Marine edilmiş tavuğu ekleyin. 7-8 dakika kızartın. Kalan tüm malzemeleri ekleyin ve ara sıra karıştırarak 30 dakika pişirin. Sıcak servis yapın.

Tavuk ciğeri

4 kişilik

İçindekiler

3 yemek kaşığı rafine bitkisel yağ

2 büyük soğan, ince dilimlenmiş

5 diş sarımsak, kıyılmış

8 tavuk ciğeri

1 çay kaşığı öğütülmüş karabiber

1 çay kaşığı limon suyu

tatmak için tuz

Yöntem

- Yağı bir tencerede ısıtın. Soğan ve sarımsağı ekleyin. Orta ateşte 3-4 dakika kızartın.

- Kalan tüm malzemeleri ekleyin. Ara sıra karıştırarak 15-20 dakika kızartın. Sıcak servis yapın.

balti tavuğu

4 kişilik

İçindekiler

4 yemek kaşığı tereyağı

1 çay kaşığı zerdeçal

1 yemek kaşığı hardal tohumu

1 yemek kaşığı kimyon tohumu

8 diş sarımsak, ince kıyılmış

2,5 cm/1 inç kök zencefil, ince kıyılmış

3 küçük soğan, ince doğranmış

7 yeşil biber

750g/1lb 10oz tavuk göğsü, doğranmış

1 yemek kaşığı öğütülmüş kişniş

1 yemek kaşığı tek krema

1 çay kaşığı garam masala

tatmak için tuz

Yöntem

- Yağı bir tencerede ısıtın. Zerdeçal, hardal tohumu ve kimyon tohumlarını ekleyin. 30 saniye boyunca tükürmelerine izin verin. Sarımsak, zencefil, soğan ve yeşil biberleri ekleyip orta ateşte 2-3 dakika kavurun.

- Kalan tüm malzemeleri ekleyin. Kısık ateşte ara sıra karıştırarak 30 dakika pişirin. Sıcak servis yapın.

keskin tavuk

4 kişilik

İçindekiler

8 adet tavuk budu

2 çay kaşığı yeşil biber sosu

2 yemek kaşığı rafine bitkisel yağ

2 büyük soğan, ince dilimlenmiş

10 diş sarımsak, ince kıyılmış

tatmak için tuz

bir tutam şeker

2 çay kaşığı malt sirkesi

Yöntem

- Tavukları acı sos ile 30 dakika marine edin.

- Yağı bir tencerede ısıtın. Soğanları ekleyin ve yarı saydam olana kadar orta ateşte kızartın.

- Sarımsağı, marine edilmiş tavuğu ve tuzu ekleyin. İyice karıştırın ve ara sıra karıştırarak 30 dakika kısık ateşte pişirin.

- Şeker ve sirkeyi ekleyin. İyice karıştırın ve sıcak servis yapın.

tavuk dilrubası

(Zengin Soslu Tavuk)

4 kişilik

İçindekiler

5 yemek kaşığı rafine bitkisel yağ

20 badem, öğütülmüş

20 kaju fıstığı, öğütülmüş

2 küçük soğan, öğütülmüş

5 cm/2 inç kök zencefil, rendelenmiş

1kg/2¼lb tavuk, 8 parçaya bölünmüş

200g yoğurt

240ml/6 fl ons süt

1 çay kaşığı garam masala

½ çay kaşığı zerdeçal

1 tatlı kaşığı pul biber

tatmak için tuz

1 tutam safran, 1 yemek kaşığı sütle ıslatılmış

2 yemek kaşığı kişniş yaprağı, doğranmış

Yöntem

- Yağı bir tencerede ısıtın. Badem, kaju fıstığı, soğan ve zencefili ekleyin. 3 dakika orta ateşte kızartın.

- Tavukları ve yoğurdu ekleyin. İyice karıştırın ve orta ateşte 20 dakika pişirin.

- Süt, garam masala, zerdeçal, pul biber ve tuzu ekleyin. İyice karıştırın. Bir kapakla örtün ve 20 dakika kısık ateşte pişirin.

- Safran ve kişniş yapraklarıyla süsleyin. Sıcak servis yapın.

Kızarmış Tavuk Kanadı

4 kişilik

İçindekiler

¼ çay kaşığı zerdeçal

1 çay kaşığı garam masala

1 çay kaşığı chaat masala*

tatmak için tuz

1 yumurta, çırpılmış

Derin kızartma için rafine bitkisel yağ

12 tavuk kanadı

Yöntem

- Pürüzsüz bir hamur yapmak için zerdeçal, garam masala, chaat masala, tuz ve yumurtayı karıştırın.

- Yağı bir tavada ısıtın. Tavuk kanatlarını bu karışıma bulayıp orta ateşte altın rengi olana kadar kızartın.

- Emici kağıt üzerine boşaltın ve sıcak servis yapın.

Murgh Mussalam

(İçi doldurulmuş tavuk)

Servis 6

İçindekiler

2 yemek kaşığı tereyağı

2 büyük soğan, rendelenmiş

4 siyah kakule baklası, öğütülmüş

1 çay kaşığı haşhaş tohumu

50g/1¾oz kurutulmuş hindistan cevizi

1 çay kaşığı topuz

1kg/2¼lb tavuk

4-5 yemek kaşığı pekmez*

2-3 defne yaprağı

6-7 yeşil kakule baklası

3 çay kaşığı sarımsak ezmesi

200g yoğurt

tatmak için tuz

Yöntem

- ½ yemek kaşığı tereyağını bir tencerede ısıtın. Soğanları ekleyin ve kahverengi olana kadar kızartın.

- Kakule, haşhaş tohumu, hindistancevizi ve topuzu ekleyin. 3 dakika kızartın.

- Tavuğu bu karışımla doldurun ve açıklığı dikin. Kenara koyun.

- Kalan yağı bir tencerede ısıtın. Kalan tüm malzemeleri ve tavuğu ekleyin. Ara sıra karıştırarak 1½ saat pişirin. Sıcak servis yapın.

Tavuk Lokumu

4 kişilik

İçindekiler

4 yemek kaşığı rafine bitkisel yağ

5cm/2in öğütülmüş tarçın

1 yemek kaşığı kakule tozu

8 karanfil

½ çay kaşığı rendelenmiş hindistan cevizi

2 büyük soğan, öğütülmüş

10 diş sarımsak, ezilmiş

2,5 cm/1 inç kök zencefil, rendelenmiş

tatmak için tuz

1kg/2¼lb tavuk, 8 parçaya bölünmüş

200g yoğurt

300g/10oz domates püresi

Yöntem

- Yağı bir tencerede ısıtın. Tarçın, kakule, karanfil, küçük hindistan cevizi, soğan, sarımsak ve zencefili ekleyin. Orta ateşte 5 dakika kızartın.

- Tuz, tavuk, yoğurt ve domates püresini ekleyin. İyice karıştırın ve sık sık karıştırarak 40 dakika pişirin. Sıcak servis yapın.

Sallı Tavuk

(Patates Cipsli Tavuk)

4 kişilik

İçindekiler

tatmak için tuz

1 çay kaşığı zencefil ezmesi

1 tatlı kaşığı sarımsak ezmesi

1kg/2¼lb tavuk, doğranmış

3 yemek kaşığı rafine bitkisel yağ

2 büyük soğan, ince doğranmış

1 çay kaşığı şeker

4 domates, püre

1 çay kaşığı zerdeçal

250g/9oz sade tuzlu patates cipsi

Yöntem

- Tuz, zencefil ezmesi ve sarımsak ezmesini karıştırın. Tavuğu bu karışımla 1 saat marine edin. Kenara koyun.

- Yağı bir tencerede ısıtın. Soğanları kahverengi olana kadar kısık ateşte kızartın.

- Marine edilmiş tavuğu ve şekeri, domates püresini ve zerdeçal ekleyin. Bir kapakla örtün ve sık sık karıştırarak 40 dakika pişirin.

- Üzerine patates cipsi serpip sıcak servis yapın.

kızarmış tavuk

4 kişilik

İçindekiler

1 kg/2¼lb kemiksiz tavuk, doğranmış

1 litre/1¾ pint süt

1 çay kaşığı safran

8 yeşil kakule baklası

5 karanfil

2,5 cm/1 inç tarçın

2 defne yaprağı

250g/9oz Basmati pirinci

4 çay kaşığı rezene tohumu

tatmak için tuz

150g yoğurt

Derin kızartma için rafine bitkisel yağ

Yöntem

- Tavuğu süt, safran, kakule, karanfil, tarçın ve defne yaprağı ile karıştırın. Bir tencerede kısık ateşte 50 dakika pişirin. Kenara koyun.

- Pirinci rezene tohumları, tuz ve yeterince su ile ince bir macun haline getirin. Bu salçayı yoğurda ekleyin ve iyice çırpın.

- Yağı bir tavada ısıtın. Tavuk parçalarını yoğurt karışımına batırın ve orta ateşte kızarana kadar kızartın. Sıcak servis yapın.

tavuk arama

4 kişilik

İçindekiler

500g/1lb 2oz tavuk, kıyılmış

10 diş sarımsak, öğütülmüş

5 cm/2 inç kök zencefil, jülyen doğranmış

2 yeşil biber, ince kıyılmış

½ çay kaşığı çörek otu tohumu

tatmak için tuz

Yöntem

- Kıymayı tüm malzemelerle karıştırın ve pürüzsüz bir hamur haline getirin. Bu karışımı 8 eşit parçaya bölün.

- Şiş ve 10 dakika ızgara yapın.

- Nane turşusu ile sıcak servis yapın

Nadan Kozhikari

(Rezene ve Hindistan Cevizi Sütlü Tavuk)

4 kişilik

İçindekiler

½ çay kaşığı zerdeçal

2 çay kaşığı zencefil ezmesi

tatmak için tuz

1kg/2¼lb tavuk, 8 parçaya bölünmüş

1 yemek kaşığı kişniş tohumu

3 kırmızı biber

1 çay kaşığı rezene tohumu

1 tatlı kaşığı hardal tohumu

3 büyük soğan

3 yemek kaşığı rafine bitkisel yağ

750ml/1¼ pint hindistan cevizi sütü

250ml/8 fl ons su

10 köri yaprağı

Yöntem

- Zerdeçal, zencefil ezmesi ve tuzu 1 saat karıştırın. Tavuğu bu karışımla 1 saat marine edin.

- Kişniş tohumlarını, kırmızı biberleri, rezene tohumlarını ve hardal tohumlarını kavurun. Soğanla karıştırın ve pürüzsüz bir macun haline getirin.

- Yağı bir tencerede ısıtın. Soğan ezmesini ekleyin ve 7 dakika kısık ateşte kızartın. Marine edilmiş tavuğu, hindistancevizi sütünü ve suyu ekleyin. 40 dakika kaynatın. Köri yapraklarıyla süsleyerek servis yapın.

annemin tavuğu

4 kişilik

İçindekiler

3 yemek kaşığı rafine bitkisel yağ

5 cm/2 inç tarçın

2 yeşil kakule bakla

4 karanfil

4 büyük soğan, ince doğranmış

2,5 cm/1 inç kök zencefil, rendelenmiş

8 diş sarımsak, ezilmiş

3 büyük domates, ince doğranmış

2 çay kaşığı öğütülmüş kişniş

1 çay kaşığı zerdeçal

tatmak için tuz

1 kg/2¼lb tavuk, 12 parçaya bölünmüş

500ml/16fl ons su

Yöntem

- Yağı bir tencerede ısıtın. Tarçın, kakule ve karanfili ekleyin. 15 saniye boyunca dağılmalarına izin verin.
- Soğan, zencefil ve sarımsağı ekleyin. 2 dakika orta ateşte kızartın.
- Su hariç kalan malzemeleri ekleyin. 5 dakika kızartın.
- Suya dökün. İyice karıştırın ve 40 dakika pişirin. Sıcak servis yapın.

Methi Tavuğu

(Çemen otu yaprağı ile pişirilmiş tavuk)

4 kişilik

İçindekiler

1 çay kaşığı zencefil ezmesi

2 çay kaşığı sarımsak ezmesi

2 çay kaşığı öğütülmüş kişniş

½ çay kaşığı öğütülmüş karanfil

1 limon suyu

1kg/2¼lb tavuk, 8 parçaya bölünmüş

4 çay kaşığı tereyağı

1 çay kaşığı kuru zencefil tozu

2 yemek kaşığı kurutulmuş kişniş yaprağı

50g/1¾oz kişniş yaprağı, doğranmış

10g/¼oz nane yaprağı, ince kıyılmış

tatmak için tuz

Yöntem

- Zencefil ezmesi, sarımsak ezmesi, öğütülmüş kişniş, karanfil ve limon suyunun yarısını karıştırın. Tavuğu bu karışımla 2 saat marine edin.
- 200°C (400°F, Gas Mark 6) fırında 50 dakika pişirin. Kenara koyun.
- Tereyağını bir tencerede ısıtın. Kavrulmuş tavuğu ve kalan tüm malzemeleri ekleyin. İyi at. 5-6 dakika pişirip sıcak servis yapın.

Baharatlı Tavuk Baget

4 kişilik

İçindekiler

8-10 adet tavuk budu, her yeri çatalla delinmiş

2 yumurta, çırpılmış

100g/3½ ons irmik

Derin kızartma için rafine bitkisel yağ

Baharat karışımı için:

6 kırmızı biber

6 diş sarımsak

2,5 cm/1 inç kök zencefil

1 yemek kaşığı kişniş yaprağı, doğranmış

6 karanfil

15 karabiber

tatmak için tuz

4 yemek kaşığı malt sirkesi

Yöntem

- Baharat karışımı için malzemeleri pürüzsüz bir macun haline getirin. Butları bu macunla bir saat kadar marine edin.
- Yağı bir tavada ısıtın. Bagetleri yumurtaya batırın, irmiğe bulayın ve orta ateşte kızarana kadar kızartın. Sıcak servis yapın.

Dieter'in Körili Tavuk

4 kişilik

İçindekiler

1 çay kaşığı zencefil ezmesi

1 tatlı kaşığı sarımsak ezmesi

200g yoğurt

1 tatlı kaşığı pul biber

½ çay kaşığı zerdeçal

2 domates, ince doğranmış

1 çay kaşığı öğütülmüş kişniş

1 çay kaşığı öğütülmüş kimyon

1 çay kaşığı kurutulmuş çemen otu yaprağı, ezilmiş

2 çay kaşığı garam masala

1 çay kaşığı mango turşusu

tatmak için tuz

750g/1lb 10oz tavuk, doğranmış

Yöntem

- Tavuk hariç tüm malzemeleri karıştırın. Tavuğu bu karışımla 3 saat marine edin.
- Karışımı toprak bir tencerede veya bir tencerede kısık ateşte 40 dakika pişirin. Gerekirse su ekleyin. Sıcak servis yapın.

göksel tavuk

4 kişilik

İçindekiler

4 yemek kaşığı rafine bitkisel yağ

1kg/2¼lb tavuk, 8 parçaya bölünmüş

tatmak için tuz

1 çay kaşığı biber

1 çay kaşığı zerdeçal

6 taze soğan, ince doğranmış

250ml/8 fl ons su

Baharat karışımı için:

1½ çay kaşığı zencefil ezmesi

1½ çay kaşığı sarımsak ezmesi

3 yeşil biber, çekirdekleri çıkarılmış ve dilimlenmiş

2 yeşil biber

½ taze hindistan cevizi, rendelenmiş

2 domates, ince doğranmış

Yöntem

- Baharat karışımı malzemelerini pürüzsüz bir macun haline getirin.
- Yağı bir tencerede ısıtın. Salçayı ekleyin ve 7 dakika kısık ateşte kavurun. Su hariç kalan malzemeleri ekleyin. 5 dakika kızartın. Suyu ekleyin. İyice karıştırın ve 40 dakika pişirin. Sıcak servis yapın.

Tavuk Rizala

4 kişilik

İçindekiler

6 yemek kaşığı rafine bitkisel yağ

2 büyük soğan, uzunlamasına dilimlenmiş

1 çay kaşığı zencefil ezmesi

1 tatlı kaşığı sarımsak ezmesi

2 yemek kaşığı haşhaş tohumu, öğütülmüş

1 yemek kaşığı öğütülmüş kişniş

2 büyük yeşil biber, jülyen doğranmış

360ml/12fl oz su

1kg/2¼lb tavuk, 8 parçaya bölünmüş

6 yeşil kakule baklası

5 karanfil

200g yoğurt

1 çay kaşığı garam masala

1 limon suyu

tatmak için tuz

Yöntem

- Yağı bir tencerede ısıtın. Soğan, zencefil ezmesi, sarımsak ezmesi, haşhaş tohumu ve öğütülmüş kişniş ekleyin. 2 dakika kısık ateşte kızartın.
- Kalan tüm malzemeleri ekleyin ve iyice karıştırın. Bir kapakla örtün ve ara sıra karıştırarak 40 dakika pişirin. Sıcak servis yapın.

Tavuk Sürprizi

4 kişilik

İçindekiler

150g/5½oz kişniş yaprağı, doğranmış

10 diş sarımsak

2,5 cm/1 inç kök zencefil

1 çay kaşığı garam masala

1 yemek kaşığı demirhindi ezmesi

2 çay kaşığı kimyon tohumu

1 çay kaşığı zerdeçal

4 yemek kaşığı su

tatmak için tuz

1kg/2¼lb tavuk, 8 parçaya bölünmüş

Derin kızartma için rafine bitkisel yağ

2 yumurta, çırpılmış

Yöntem

- Tavuk, yağ ve yumurta dışındaki tüm malzemeleri pürüzsüz bir macun haline getirin. Tavuğu bu macunla 2 saat marine edin.
- Yağı bir tavada ısıtın. Her bir tavuk parçasını yumurtaya batırın ve orta ateşte kızarana kadar kızartın. Sıcak servis yapın.

peynirli tavuk

4 kişilik

İçindekiler

12 adet tavuk budu

4 yemek kaşığı tereyağı

1 çay kaşığı zencefil ezmesi

1 tatlı kaşığı sarımsak ezmesi

2 büyük soğan, ince doğranmış

1 çay kaşığı garam masala

tatmak için tuz

200g yoğurt

Marine için:

1 çay kaşığı zencefil ezmesi

1 tatlı kaşığı sarımsak ezmesi

1 yemek kaşığı limon suyu

¼ çay kaşığı garam masala

4 yemek kaşığı tek krema

4 yemek kaşığı çedar peyniri, rendelenmiş

tatmak için tuz

Yöntem

- Bagetlerin her yerini çatalla delin. Tüm marine malzemelerini birlikte karıştırın. Butları bu karışımla 8-10 saat marine edin.
- Tereyağını bir tencerede ısıtın. Zencefil ezmesini ve sarımsak ezmesini ekleyin. 1-2 dakika orta ateşte kızartın. Yoğurt hariç kalan tüm malzemeleri ekleyin. 5 dakika kızartın.
- Bagetleri ve yoğurdu ekleyin. 40 dakika kaynatın. Sıcak servis yapın.

Dana Korma

(Baharatlı Sosta pişirilmiş dana eti)

4 kişilik

İçindekiler

4 yemek kaşığı rafine bitkisel yağ

2 büyük soğan, ince doğranmış

675g/1½lb sığır eti, 2,5 cm/1 inç parçalar halinde doğranmış

360ml/12fl oz su

½ çay kaşığı öğütülmüş tarçın

120ml/4 fl oz tek krem

125 gr yoğurt

1 çay kaşığı garam masala

tatmak için tuz

10g/¼oz kişniş yaprağı, ince kıyılmış

Baharat karışımı için:

1½ yemek kaşığı kişniş tohumu

¾ yemek kaşığı kimyon tohumu

3 yeşil kakule bakla

4 karabiber

6 karanfil

2,5 cm/1 inç kök zencefil

10 diş sarımsak

15 badem

Yöntem

- Baharat karışımının tüm malzemelerini birlikte karıştırın ve pürüzsüz bir macun oluşturmak için yeterli su ile öğütün. Kenara koyun.
- Yağı bir tencerede ısıtın. Soğanları ekleyin ve orta ateşte pembeleşinceye kadar kavurun.
- Baharat karışımı ezmesini ve dana etini ekleyin. 2-3 dakika kızartın. Suyu ekleyin. İyice karıştırın ve 45 dakika pişirin.
- Öğütülmüş tarçın, krema, yoğurt, garam masala ve tuzu ekleyin. 3-4 dakika iyice karıştırın.
- Dana kormayı kişniş yapraklarıyla süsleyin. Sıcak servis yapın.

Dhal Kheema

(Mercimekli Kıyma)

4 kişilik

İçindekiler

675g/1½lb kuzu, kıyılmış

1 çay kaşığı zencefil ezmesi

1 tatlı kaşığı sarımsak ezmesi

3 büyük soğan, ince doğranmış

360ml/12fl oz su

tatmak için tuz

600g/1lb 5oz chana dhal*, 30 dakika boyunca 250 ml/8 fl oz suya batırılmış

½ çay kaşığı demirhindi ezmesi

60ml/2fl oz rafine bitkisel yağ

4 karanfil

2,5 cm/1 inç tarçın

2 yeşil kakule bakla

4 karabiber

10g/¼oz kişniş yaprağı, ince kıyılmış

Baharat karışımı için:

2 çay kaşığı kişniş tohumu

3 kırmızı biber

½ çay kaşığı zerdeçal

¼ çay kaşığı kimyon tohumu

25 gr/az 1 ons taze hindistan cevizi, rendelenmiş

1 çay kaşığı haşhaş tohumu

Yöntem

- Baharat karışımının tüm malzemelerini birlikte kurutun. Pürüzsüz bir macun oluşturmak için bu karışımı yeterli suyla öğütün. Kenara koyun.
- Kuzu kıymasını zencefil ezmesi, sarımsak ezmesi, soğanın yarısı, kalan su ve tuzla karıştırın. Bir tencerede orta ateşte 40 dakika pişirin.
- Chana dhal'ı ıslatıldığı suyla birlikte ekleyin. İyice karıştırın. 10 dakika kaynatın.
- Baharat karışımı ezmesini ve demirhindi ezmesini ekleyin. Bir kapakla örtün ve ara sıra karıştırarak 10 dakika pişirin. Kenara koyun.
- Yağı bir tavada ısıtın. Kalan soğanları ekleyin ve orta ateşte pembeleşinceye kadar kavurun.
- Karanfil, tarçın, kakule ve karabiberi ekleyin. Bir dakika kızartın.
- Ateşten alın ve bunu doğrudan kıyma-dhal karışımının üzerine dökün. Bir dakika boyunca iyice karıştırın.
- Dhal kheema'yı kişniş yapraklarıyla süsleyin. Sıcak servis yapın.

domuz köri

4 kişilik

İçindekiler

500g/1 lb 2oz domuz eti, 2,5 cm/1 inç parçalar halinde doğranmış

1 yemek kaşığı malt sirkesi

6 köri yaprağı

2,5 cm/1 inç tarçın

3 karanfil

500ml/16fl ons su

tatmak için tuz

2 büyük patates, doğranmış

3 yemek kaşığı rafine bitkisel yağ

1 çay kaşığı garam masala

Baharat karışımı için:

1 yemek kaşığı kişniş tohumu

1 çay kaşığı kimyon tohumu

6 karabiber

½ çay kaşığı zerdeçal

4 kırmızı biber

2 büyük soğan, ince doğranmış

2,5 cm/1 inç kök zencefil, dilimlenmiş

10 diş sarımsak, dilimlenmiş

½ çay kaşığı demirhindi ezmesi

Yöntem

- Baharat karışımı için tüm malzemeleri birlikte karıştırın. Pürüzsüz bir macun oluşturmak için yeterli su ile öğütün. Kenara koyun.
- Domuz etini sirke, köri yaprakları, tarçın, karanfil, su ve tuzla karıştırın. Bu karışımı bir tencerede orta ateşte 40 dakika pişirin.
- Patatesleri ekleyin. İyice karıştırın ve 10 dakika pişirin. Kenara koyun.
- Yağı bir tencerede ısıtın. Baharat karışımı salçasını ekleyin ve orta ateşte 3-4 dakika kızartın.
- Domuz eti karışımını ve garam masalayı ekleyin. İyice karıştırın. Bir kapakla örtün ve ara sıra karıştırarak 10 dakika pişirin.
- Sıcak servis yapın.

Şikampur Kebabı

(Kuzu kebabı)

4 kişilik

İçindekiler

3 büyük soğan

8 diş sarımsak

2,5 cm/1 inç kök zencefil

6 adet kuru kırmızı biber

4 yemek kaşığı tereyağı artı kızartma için ekstra

1 çay kaşığı zerdeçal

1 çay kaşığı öğütülmüş kişniş

½ çay kaşığı öğütülmüş kimyon

10 badem, öğütülmüş

10 fıstık, öğütülmüş

1 çay kaşığı garam masala

Bir tutam toz tarçın

1 yemek kaşığı öğütülmüş karanfil

1 yemek kaşığı öğütülmüş yeşil kakule

2 yemek kaşığı hindistan cevizi sütü

tatmak için tuz

1 yemek kaşığı bezelye*

750g/1lb 10oz kuzu eti, kıyılmış

200g/7oz Yunan yoğurdu

1 yemek kaşığı nane yaprağı, ince kıyılmış

Yöntem

- Soğan, sarımsak, zencefil ve biberleri birlikte karıştırın.
- Pürüzsüz bir macun oluşturmak için bu karışımı yeterli suyla öğütün.
- Yağı bir tencerede ısıtın. Bu salçayı ekleyip orta ateşte 1-2 dakika kavurun.
- Zerdeçal, öğütülmüş kişniş ve öğütülmüş kimyon ekleyin. Bir dakika kızartın.
- Öğütülmüş badem, öğütülmüş antep fıstığı, garam masala, öğütülmüş tarçın, öğütülmüş karanfil ve kakule ekleyin. 2-3 dakika kızartmaya devam edin.
- Hindistan cevizi sütü ve tuzu ekleyin. İyice karıştırın. 5 dakika karıştırın.
- Besan ve kıymayı ekleyin. İyice karıştırın. Ara sıra karıştırarak 30 dakika pişirin. Ateşten alın ve 10 dakika soğumaya bırakın.
- Kıyma karışımı soğuduktan sonra, 8 topa bölün ve her birini bir pirzola haline getirin. Kenara koyun.

- Yoğurdu nane yapraklarıyla iyice çırpın. Her düzleştirilmiş pirzola ortasına bu karışımdan büyük bir kaşık koyun. Bir kese gibi kapatın, bir top haline getirin ve tekrar düzleştirin.
- Yağı bir tavada ısıtın. Pirzolaları ekleyin ve orta ateşte kızarana kadar kızartın. Sıcak servis yapın.

Özel Koyun Eti

4 kişilik

İçindekiler

5 yemek kaşığı tereyağı

4 büyük soğan, dilimlenmiş

2 domates, dilimlenmiş

675g/1½lb koyun eti, 3,5cm/1½in parçalar halinde doğranmış

1 litre/1¾ pint su

tatmak için tuz

Baharat karışımı için:

10 diş sarımsak

3 yeşil biber

3,5 cm/1½ inç kök zencefil

4 karanfil

2,5 cm/1 inç tarçın

1 yemek kaşığı haşhaş tohumu

1 tatlı kaşığı çörek otu tohumu

1 çay kaşığı kimyon tohumu

2 yeşil kakule bakla

2 yemek kaşığı kişniş tohumu

7 karabiber

5 adet kuru kırmızı biber

1 çay kaşığı zerdeçal

1 yemek kaşığı chana dhal*

25 gr/az 1 ons nane yaprağı

25g/yetersiz 1oz kişniş yaprağı

100g/3½oz taze hindistan cevizi, rendelenmiş

Yöntem

- Tüm baharat karışımı malzemelerini birlikte karıştırın ve pürüzsüz bir macun oluşturmak için yeterli su ile öğütün. Kenara koyun.
- Yağı bir tencerede ısıtın. Soğanları ekleyin ve orta ateşte pembeleşinceye kadar kavurun.
- Baharat karışımı ezmesini ekleyin. Ara sıra karıştırarak 3-4 dakika kızartın.
- Domates ve koyun eti ekleyin. 8-10 dakika kızartın. Suyu ve tuzu ekleyin. İyice karıştırın, bir kapakla örtün ve ara sıra karıştırarak 45 dakika pişirin. Sıcak servis yapın.

Yeşil Masala Pirzola

4 kişilik

İçindekiler

750g/1lb 10oz koyun pirzolası

tatmak için tuz

360ml/12fl oz rafine bitkisel yağ

3 büyük patates, dilimlenmiş

5 cm/2 inç tarçın

2 yeşil kakule bakla

4 karanfil

3 domates, ince doğranmış

¼ çay kaşığı zerdeçal

120ml/4 fl ons sirke

250ml/8 fl ons su

Baharat karışımı için:

3 büyük soğan

2,5 cm/1 inç kök zencefil

10-12 diş sarımsak

¼ çay kaşığı kimyon tohumu

6 yeşil biber, uzunlamasına dilimlenmiş

1 çay kaşığı kişniş tohumu

1 çay kaşığı kimyon tohumu

50g kişniş yaprağı, ince kıyılmış

Yöntem

- Eti tuzla bir saat marine edin.
- Tüm baharat karışımı malzemelerini birlikte karıştırın. Pürüzsüz bir macun oluşturmak için yeterli su ile öğütün. Kenara koyun.
- Yağın yarısını bir tavada kızdırın. Patatesleri ekleyin ve altın rengi olana kadar orta ateşte kızartın. Süzün ve bir kenara koyun.
- Kalan yağı bir tencerede ısıtın. Tarçın, kakule ve karanfili ekleyin. 20 saniye boyunca tükürmelerine izin verin.
- Baharat karışımı ezmesini ekleyin. 3-4 dakika orta ateşte kızartın.
- Domates ve zerdeçal ekleyin. 1-2 dakika kızartmaya devam edin.
- Sirkeyi ve marine edilmiş koyun etini ekleyin. 6-7 dakika kızartın.
- Suyu ekleyin ve iyice karıştırın. Bir kapakla örtün ve ara sıra karıştırarak 45 dakika pişirin.
- Kızarmış patatesleri ekleyin. Sürekli karıştırarak 5 dakika pişirin. Sıcak servis yapın.

Katmanlı Kebap

4 kişilik

İçindekiler

120ml/4 fl oz rafine bitkisel yağ

100g galeta unu

Beyaz katman için:

450g keçi peyniri, süzülmüş

1 büyük patates, haşlanmış

½ çay kaşığı tuz

½ çay kaşığı öğütülmüş karabiber

½ çay kaşığı toz biber

Yarım limon suyu

50g/1¾oz kişniş yaprağı, doğranmış

Yeşil katman için:

200g ıspanak

2 yemek kaşığı mung dhal*

1 büyük soğan, ince kıyılmış

2,5 cm/1 inç kök zencefil

4 karanfil

¼ çay kaşığı zerdeçal

1 çay kaşığı garam masala

tatmak için tuz

250ml/8 fl ons su

2 yemek kaşığı bezelye*

Turuncu katman için:

1 yumurta, çırpılmış

1 büyük soğan, ince kıyılmış

1 yemek kaşığı limon suyu

¼ çay kaşığı portakal gıda boyası

Et tabakası için:

500g/1lb 2oz et, kıyılmış

150g/5½oz maş çileği*, 1 saat ıslatılmış

5cm/2in kök zencefil

6 diş sarımsak

6 karanfil

1 yemek kaşığı öğütülmüş kimyon

1 yemek kaşığı toz biber

10 karabiber

600ml/1 litre su

Yöntem

- Beyaz tabaka malzemelerini biraz tuzla karıştırıp yoğurun. Kenara koyun.

- Besan hariç tüm yeşil tabaka malzemelerini karıştırın. Bir tencerede kısık ateşte 45 dakika pişirin. Besan ile ezin ve bir kenara koyun.
- Portakallı kat için tüm malzemeleri biraz tuzla karıştırın. Kenara koyun.
- Et tabakası için, tüm malzemeleri biraz tuzla karıştırın ve bir tencerede orta ateşte 40 dakika pişirin. Soğutun ve ezin.
- Her katman karışımını 8 porsiyona bölün. Topları yuvarlayın ve pirzola oluşturmak için hafifçe vurun. Her kattan 1 pirzolayı diğerinin üzerine koyun, böylece sekiz adet 4 katlı köfteniz olur. Dikdörtgen şekilli kebaplara hafifçe bastırın.
- Yağı bir tavada ısıtın. Kebapları galeta ununa bulayıp orta ateşte altın sarısı bir renk alana kadar kızartın. Sıcak servis yapın.

Barrah Şampiyonu

(Kavrulmuş Kuzu Pirzola)

4 kişilik

İçindekiler

1 çay kaşığı zencefil ezmesi

1 tatlı kaşığı sarımsak ezmesi

3 yemek kaşığı malt sirkesi

675g kuzu pirzola

400g/14oz Yunan yoğurdu

1 çay kaşığı zerdeçal

4 yeşil biber, ince kıyılmış

½ çay kaşığı toz biber

1 çay kaşığı öğütülmüş kişniş

1 çay kaşığı öğütülmüş kimyon

1 çay kaşığı öğütülmüş tarçın

¾ çay kaşığı öğütülmüş karanfil

tatmak için tuz

1 yemek kaşığı chaat masala[*]

Yöntem

- Zencefil ezmesi ve sarımsak ezmesini sirke ile karıştırın. Kuzu bu karışımla 2 saat marine edin.
- Chaat masala hariç kalan tüm malzemeleri karıştırın. Kuzu pirzolaları bu karışımla 4 saat marine edin.
- Pirzolaları şişleyin ve 200°C'de (400°F, Gas Mark 6) fırında 40 dakika kızartın.
- Chaat masala ile süsleyin ve sıcak servis yapın.

Kuzu Turşu

4 kişilik

İçindekiler

10 adet kuru kırmızı biber

10 diş sarımsak

3,5 cm/1½ inç kök zencefil

tatmak için tuz

750ml/1¼ pint su

2 yemek kaşığı yoğurt

675g/1½lb kuzu, 2,5cm/1in parçalar halinde doğranmış

250ml/8 fl oz rafine bitkisel yağ

1½ çay kaşığı zerdeçal

1 yemek kaşığı kişniş tohumu

10 karabiber

3 adet siyah kakule

4 karanfil

3 defne yaprağı

1 tatlı kaşığı rendelenmiş salça

¼ çay kaşığı rendelenmiş hindistan cevizi

1 çay kaşığı kimyon tohumu

½ çay kaşığı hardal tohumu

100g/3½oz kurutulmuş hindistan cevizi

½ çay kaşığı asafoetida

1 limon suyu

Yöntem

- Kırmızıbiber, sarımsak, zencefil ve tuzu birlikte karıştırın. Pürüzsüz bir macun oluşturmak için yeterli su ile öğütün.
- Bu salçayı yoğurtla karıştırın. Eti bu karışımla 1 saat marine edin.
- Bir tencerede yağın yarısını ısıtın. Zerdeçal, kişniş tohumu, karabiber, kakule, karanfil, defne yaprağı, topuz, küçük hindistan cevizi, kimyon tohumu, hardal tohumu ve hindistancevizi ekleyin. 2-3 dakika orta ateşte kızartın.
- Kalın bir macun oluşturmak için karışımı yeterince suyla öğütün.
- Kalan yağı bir tencereye ekleyin. Asafoetida'yı ekleyin. 10 saniye boyunca sıçramasına izin verin.

- Öğütülmüş zerdeçal-kişniş tohumu ezmesini ekleyin. Orta ateşte 3-4 dakika kızartın.
- Marine edilmiş kuzu etini ve kalan suyu ekleyin. İyice karıştırın. Bir kapakla örtün ve 45 dakika pişirin. Soğuması için kenara alın.
- Limon suyunu ekleyin ve iyice karıştırın. Kuzu turşusunu hava geçirmez bir kapta saklayın.

Goan Kuzu Köri

4 kişilik

İçindekiler

240ml/6fl oz rafine bitkisel yağ

4 büyük soğan, ince doğranmış

1 çay kaşığı zerdeçal

4 domates, püre

675g/1½lb kuzu, 2,5cm/1in parçalar halinde doğranmış

4 büyük patates, doğranmış

600ml/1 pint hindistan cevizi sütü

120ml/4 fl ons su

tatmak için tuz

Baharat karışımı için:

4 yeşil kakule bakla

5 cm/2 inç tarçın

6 karabiber

1 çay kaşığı kimyon tohumu

2 karanfil

6 kırmızı biber

1 yıldız anason

50g kişniş yaprağı, ince kıyılmış

3 yeşil biber

1 çay kaşığı zencefil ezmesi

1 tatlı kaşığı sarımsak ezmesi

Yöntem

- Baharat karışımını hazırlamak için kakule, tarçın, karabiber, kimyon, karanfil, kırmızı biber ve yıldız anasonu 3-4 dakika kavurun.
- Bu karışımı, kalan baharat karışımı malzemeleri ve pürüzsüz bir macun oluşturacak kadar su ile öğütün. Kenara koyun.
- Yağı bir tencerede ısıtın. Soğanları ekleyin ve şeffaflaşana kadar orta ateşte kızartın.
- Zerdeçal ve domates püresini ekleyin. 2 dakika kızartın.
- Baharat karışımı ezmesini ekleyin. 4-5 dakika kızartmaya devam edin.
- Kuzu eti ve patatesleri ekleyin. 5-6 dakika kızartın.
- Hindistan cevizi sütü, su ve tuzu ekleyin. İyice karıştırın. Bir kapakla örtün ve karışımı ara sıra karıştırarak 45 dakika kısık ateşte pişirin. Sıcak servis yapın.

Bagara Et

(Rich Indian Gravy'de pişirilmiş et)

4 kişilik

İçindekiler

120ml/4 fl oz rafine bitkisel yağ

3 kırmızı biber

1 çay kaşığı kimyon tohumu

10 köri yaprağı

2 büyük soğan

½ çay kaşığı zerdeçal

1 tatlı kaşığı pul biber

1 çay kaşığı öğütülmüş kişniş

1 çay kaşığı demirhindi ezmesi

1 çay kaşığı garam masala

500g/1lb 2oz koyun eti, doğranmış

tatmak için tuz

500ml/16fl ons su

Baharat karışımı için:

2 yemek kaşığı susam

2 yemek kaşığı taze hindistan cevizi, rendelenmiş

2 yemek kaşığı fıstık

2,5 cm/1 inç kök zencefil

8 diş sarımsak

Yöntem

- Baharat karışımı için malzemeleri birlikte karıştırın. Pürüzsüz bir macun oluşturmak için bu karışımı yeterli suyla öğütün. Kenara koyun.
- Yağı bir tencerede ısıtın. Kırmızı biberleri, kimyon tohumlarını ve köri yapraklarını ekleyin. 15 saniye boyunca dağılmalarına izin verin.
- Soğanları ve baharat karışımını ekleyin. 4-5 dakika orta ateşte kızartın.
- Su hariç kalan malzemeleri ekleyin. 5-6 dakika kızartın.
- Suyu ekleyin. İyice karıştırın. Bir kapakla örtün ve 45 dakika pişirin. Sıcak servis yapın.

Hindistan Cevizi Sütünde Ciğer

4 kişilik

İçindekiler

750 gr/1 lb 10 oz karaciğer, 2,5 cm/1 inç parçalar halinde doğranmış

½ çay kaşığı zerdeçal

tatmak için tuz

500ml/16fl ons su

5 yemek kaşığı rafine bitkisel yağ

3 büyük soğan, ince doğranmış

1 yemek kaşığı zencefil, ince kıyılmış

1 yemek kaşığı diş sarımsak, ince kıyılmış

6 yeşil biber, uzunlamasına dilimlenmiş

2,5 cm/1 inç parçalar halinde doğranmış 3 büyük patates

1 yemek kaşığı malt sirkesi

500ml/16fl oz hindistan cevizi sütü

Baharat karışımı için:

3 adet kuru kırmızı biber

2,5 cm/1 inç tarçın

4 yeşil kakule bakla

1 çay kaşığı kimyon tohumu

8 karabiber

Yöntem

- Karaciğeri zerdeçal, tuz ve su ile karıştırın. Bir tencerede orta ateşte 40 dakika pişirin. Kenara koyun.
- Tüm baharat karışımı malzemelerini birlikte karıştırın ve pürüzsüz bir macun oluşturmak için yeterli su ile öğütün. Kenara koyun.
- Yağı bir tencerede ısıtın. Soğanları ekleyin ve şeffaflaşana kadar orta ateşte kızartın.
- Zencefili, sarımsağı ve yeşil biberi ekleyin. 2 dakika kızartın.
- Baharat karışımı ezmesini ekleyin. 1-2 dakika kızartmaya devam edin.
- Karaciğer karışımını, patatesleri, sirkeyi ve hindistancevizi sütünü ekleyin. 2 dakika iyice karıştırın. Bir kapakla örtün ve ara sıra karıştırarak 15 dakika pişirin. Sıcak servis yapın.

Yoğurtlu Kuzu Masala

4 kişilik

İçindekiler

200g yoğurt

tatmak için tuz

675g/1½lb kuzu, 2,5cm/1in parçalar halinde doğranmış

4 yemek kaşığı rafine bitkisel yağ

3 büyük soğan, ince doğranmış

3 havuç, doğranmış

3 domates, ince doğranmış

120ml/4 fl ons su

Baharat karışımı için:

25 gr/az 1 ons kişniş yaprağı, ince kıyılmış

¼ çay kaşığı zerdeçal

2,5 cm/1 inç kök zencefil

2 yeşil biber

8 diş sarımsak

4 kakule bakla

4 karanfil

5 cm/2 inç tarçın

3 köri yaprağı

¾ çay kaşığı zerdeçal

2 çay kaşığı öğütülmüş kişniş

1 tatlı kaşığı pul biber

½ çay kaşığı demirhindi ezmesi

Yöntem

- Tüm baharat karışımı malzemelerini birlikte karıştırın. Pürüzsüz bir macun oluşturmak için yeterli su ile öğütün.
- Salçayı yoğurt ve tuz ile iyice karıştırın. Kuzu bu karışımla 1 saat marine edin.
- Yağı bir tencerede ısıtın. Soğanları ekleyin ve şeffaflaşana kadar orta ateşte kızartın.
- Havuç ve domatesleri ekleyip 3-4 dakika kavurun.
- Marine edilmiş kuzu etini ve suyu ekleyin. İyice karıştırın. Bir kapakla örtün ve ara sıra karıştırarak 45 dakika pişirin. Sıcak servis yapın.

Khada Masala'daki Korma

(Kalın Sosta Baharatlı Kuzu)

4 kişilik

İçindekiler

75g/2½oz yağ

3 adet siyah kakule

6 karanfil

2 defne yaprağı

½ çay kaşığı kimyon tohumu

2 büyük soğan, dilimlenmiş

3 adet kuru kırmızı biber

2,5 cm/1 inç kök zencefil, ince kıyılmış

20 diş sarımsak

5 adet yeşil biber, uzunlamasına ikiye bölünmüş

675g/1½lb koyun eti, doğranmış

½ çay kaşığı toz biber

2 çay kaşığı öğütülmüş kişniş

6-8 arpacık soğan, soyulmuş

200g/7oz konserve bezelye

750 ml/1¼fl ons su

2 yemek kaşığı ılık suda eritilmiş bir tutam safran

tatmak için tuz

1 çay kaşığı limon suyu

200g yoğurt

1 yemek kaşığı kişniş yaprağı, ince kıyılmış

4 haşlanmış yumurta, ikiye bölünmüş

Yöntem

- Yağı bir tencerede ısıtın. Kakule, karanfil, defne yaprağı ve kimyon tohumlarını ekleyin. 30 saniye boyunca tükürmelerine izin verin.
- Soğanları ekleyin ve orta ateşte pembeleşinceye kadar kavurun.
- Kuru kırmızı biber, zencefil, sarımsak ve yeşil biberleri ekleyin. Bir dakika kızartın.
- Koyun eti ekleyin. 5-6 dakika kızartın.
- Biber tozu, öğütülmüş kişniş, arpacık ve bezelye ekleyin. 3-4 dakika kızartmaya devam edin.
- Su, safran karışımı, tuz ve limon suyunu ekleyin. 2-3 dakika iyice karıştırın. Bir kapakla örtün ve 20 dakika pişirin.
- Ocağın altını kapatıp yoğurdu ekleyin. İyice karıştırın. Tekrar örtün ve ara sıra karıştırarak 20-25 dakika kaynamaya devam edin.
- Kişniş yaprakları ve yumurta ile süsleyin. Sıcak servis yapın.

Kuzu & Böbrek Köri

4 kişilik

İçindekiler

5 yemek kaşığı rafine bitkisel yağ artı derin kızartma için ekstra

4 büyük patates, uzun şeritler halinde doğranmış

3 büyük soğan, ince doğranmış

3 büyük domates, ince doğranmış

¼ çay kaşığı zerdeçal

1 tatlı kaşığı pul biber

2 çay kaşığı öğütülmüş kişniş

1 çay kaşığı öğütülmüş kimyon

25 kaju fıstığı, kabaca ezilmiş

4 böbrek, doğranmış

500g/1lb 2oz kuzu, 5cm/2in parçalar halinde doğranmış

1 limon suyu

1 çay kaşığı öğütülmüş karabiber

tatmak için tuz

500ml/16fl ons su

4 haşlanmış yumurta, dörde bölünmüş

10g/¼oz kişniş yaprağı, ince kıyılmış

Baharat karışımı için:

1½ çay kaşığı zencefil ezmesi

1½ çay kaşığı sarımsak ezmesi

4-5 yeşil biber

4 kakule bakla

6 karanfil

1 çay kaşığı çörek otu

1½ yemek kaşığı malt sirkesi

Yöntem

- Baharat karışımı için tüm malzemeleri karıştırın ve pürüzsüz bir macun oluşturmak için yeterli su ile öğütün. Kenara koyun.
- Derin bir tavada kızartmak için sıvı yağı kızdırın. Patatesleri ekleyin ve orta ateşte 3-4 dakika kızartın. Süzün ve bir kenara koyun.
- Bir tencerede 5 yemek kaşığı yağı kızdırın. Soğanları ekleyin ve şeffaflaşana kadar orta ateşte kızartın.
- Baharat karışımı ezmesini ekleyin. Sık sık karıştırarak 2-3 dakika kızartın.
- Domates, zerdeçal, toz kırmızı biber, öğütülmüş kişniş ve öğütülmüş kimyonu ekleyin. 2-3 dakika kızartmaya devam edin.

- Kaju fıstığı, böbrek ve kuzu ekleyin. 6-7 dakika kızartın.

- Limon suyu, karabiber, tuz ve suyu ekleyin. İyice karıştırın. Bir kapakla örtün ve ara sıra karıştırarak 45 dakika pişirin.
- Yumurta ve kişniş yaprakları ile süsleyin. Sıcak servis yapın.

Gosht Gulfaam

(Keçi Peynirli Koyun Eti)

4 kişilik

İçindekiler

675g kemiksiz koyun eti

300g keçi peyniri, süzülmüş

200g/7oz hoya*

150g karışık kuru meyve, ince kıyılmış

6 yeşil biber, ince kıyılmış

25g/yetersiz 1 ons kişniş yaprağı, ince kıyılmış

2 haşlanmış yumurta

Sosu için:

¾ yemek kaşığı rafine bitkisel yağ

3 büyük soğan, ince doğranmış

5 cm/2 inç kök zencefil, ince kıyılmış

10 diş sarımsak, ince kıyılmış

3 domates, ince doğranmış

1 tatlı kaşığı pul biber

120ml/4 fl ons kuzu suyu

tatmak için tuz

Yöntem

- Koyun eti bifteğe benzeyene kadar düzleştirin.
- Keçi peyniri, khoya, kuru meyveler, yeşil biber ve kişniş yapraklarını karıştırın. Bu karışımı yumuşak bir hamur yoğurun.
- Hamuru düzleştirilmiş koyun eti üzerine yayın ve ortasına yumurtaları yerleştirin.
- Hamur ve yumurta içeride kalacak şekilde koyunu sıkıca yuvarlayın. Folyoya sarın ve 180°C (350°F, Gas Mark 4) fırında 1 saat pişirin. Kenara koyun.
- Sosu hazırlamak için yağı bir sos tavasında kızdırın. Soğanları ekleyin ve şeffaflaşana kadar orta ateşte kızartın.
- Zencefili ve sarımsağı ekleyin. Bir dakika kızartın.
- Domates ve pul biberi ekleyin. Sık sık karıştırarak 2 dakika kızartmaya devam edin.
- Et suyunu ve tuzu ekleyin. İyice karıştırın. Ara sıra karıştırarak 10 dakika pişirin. Kenara koyun.
- Pişen etli ruloyu dilimleyin ve dilimleri servis tabağına dizin. Üzerlerine sosu gezdirip sıcak servis yapın.

Kuzu Do Pyaaza

(Soğanlı Kuzu)

4 kişilik

İçindekiler

120ml/4 fl oz rafine bitkisel yağ

1 çay kaşığı zerdeçal

3 defne yaprağı

4 karanfil

5 cm/2 inç tarçın

6 adet kuru kırmızı biber

4 yeşil kakule bakla

6 büyük soğan, 2 doğranmış, 4 dilimlenmiş

3 yemek kaşığı zencefil ezmesi

3 yemek kaşığı sarımsak ezmesi

2 domates, ince doğranmış

8 arpacık, yarıya

2 çay kaşığı garam masala

2 çay kaşığı öğütülmüş kişniş

4 çay kaşığı öğütülmüş kimyon

1½ çay kaşığı rendelenmiş topuz

½ rendelenmiş hindistan cevizi

2 çay kaşığı öğütülmüş karabiber

tatmak için tuz

675g/1½lb kuzu, doğranmış

250ml/8 fl ons su

10g/¼oz kişniş yaprağı, ince kıyılmış

2,5 cm/1 inç kök zencefil, jülyen doğranmış

Yöntem

- Yağı bir tencerede ısıtın. Zerdeçal, defne yaprağı, karanfil, tarçın, kırmızı biber ve kakule ekleyin. 30 saniye boyunca tükürmelerine izin verin.
- Doğranmış soğanları ekleyin. Yarı saydam olana kadar orta ateşte kızartın.
- Zencefil ezmesini ve sarımsak ezmesini ekleyin. Bir dakika kızartın.
- Domates, arpacık soğan, garam masala, öğütülmüş kişniş, öğütülmüş kimyon, topuz, küçük hindistan cevizi, biber ve tuzu ekleyin. 2-3 dakika kızartmaya devam edin.
- Kuzu eti ve dilimlenmiş soğanı ekleyin. İyice karıştırın ve 6-7 dakika kızartın.
- Suyu ekleyin ve bir dakika karıştırın. Bir kapakla örtün ve ara sıra karıştırarak 30 dakika pişirin.
- Kişniş yaprakları ve zencefil ile süsleyin. Sıcak servis yapın.

Sebzeli Kuzu

4 kişilik

İçindekiler

675g/1½lb kuzu, 2,5cm/1in parçalar halinde doğranmış

tatmak için tuz

½ çay kaşığı öğütülmüş karabiber

5 yemek kaşığı rafine bitkisel yağ

2 defne yaprağı

4 yeşil kakule bakla

4 karanfil

2,5 cm/1 inç tarçın

2 büyük soğan, ince doğranmış

1 çay kaşığı zerdeçal

1 yemek kaşığı öğütülmüş kimyon

1 tatlı kaşığı pul biber

1 çay kaşığı zencefil ezmesi

1 tatlı kaşığı sarımsak ezmesi

2 domates, ince doğranmış

200g bezelye

1 çay kaşığı çemen tohumu

200g/7oz karnabahar çiçeği

500ml/16fl ons su

200g yoğurt

10g/¼oz kişniş yaprağı, ince kıyılmış

Yöntem

- Kuzu etini tuz ve karabiberle 30 dakika marine edin.

- Yağı bir tencerede ısıtın. Defne yaprağı, kakule, karanfil ve tarçını ekleyin. 30 saniye boyunca tükürmelerine izin verin.

- Soğan, zerdeçal, öğütülmüş kimyon, kırmızı toz biber, zencefil ezmesi ve sarımsak ezmesini ekleyin. 1-2 dakika orta ateşte kızartın.

- Marine edilmiş kuzu etini ekleyin ve ara sıra karıştırarak 6-7 dakika kızartın.

- Domatesleri, bezelyeleri, çemen tohumlarını ve karnabahar çiçeklerini ekleyin. 3-4 dakika soteleyin.

- Suyu ekleyin ve iyice karıştırın. Bir kapakla örtün ve 20 dakika pişirin.

- Ocağın altını kapatıp yoğurdu ekleyin. Bir dakika iyice karıştırın, tekrar örtün ve ara sıra karıştırarak 30 dakika pişirin.

- Kişniş yaprakları ile süsleyin. Sıcak servis yapın.

Körili Dana Patatesli

4 kişilik

İçindekiler

6 karabiber

3 karanfil

2 siyah kakule bakla

2,5 cm/1 inç tarçın

1 çay kaşığı kimyon tohumu

4 yemek kaşığı rafine bitkisel yağ

3 büyük soğan, ince doğranmış

¼ çay kaşığı zerdeçal

1 tatlı kaşığı pul biber

1 çay kaşığı zencefil ezmesi

1 tatlı kaşığı sarımsak ezmesi

750g/1lb 10oz sığır eti, kıyılmış

2 domates, ince doğranmış

3 büyük patates, doğranmış

½ çay kaşığı garam masala

1 yemek kaşığı limon suyu

tatmak için tuz

1 litre/1¾ pint su

1 yemek kaşığı kişniş yaprağı, ince kıyılmış

Yöntem

- Karabiber, karanfil, kakule, tarçın ve kimyon tohumlarını ince bir toz haline getirin. Kenara koyun.

- Yağı bir tencerede ısıtın. Soğanları ekleyin ve orta ateşte pembeleşinceye kadar kavurun.

- Öğütülmüş karabiber-karanfil tozu, zerdeçal, kırmızı biber tozu, zencefil ezmesi ve sarımsak ezmesini ekleyin. Bir dakika kızartın.

- Kıymayı ekleyip 5-6 dakika soteleyin.

- Domatesleri, patatesleri ve garam masalayı ekleyin. İyice karıştırın ve 5-6 dakika pişirin.

- Limon suyu, tuz ve suyu ekleyin. Bir kapakla örtün ve ara sıra karıştırarak 45 dakika pişirin.

- Kişniş yaprakları ile süsleyin. Sıcak servis yapın.

Baharatlı Kuzu Masala

4 kişilik

İçindekiler

675g/1½lb kuzu, doğranmış

3 büyük soğan, dilimlenmiş

750ml/1¼ pint su

tatmak için tuz

4 yemek kaşığı rafine bitkisel yağ

4 defne yaprağı

¼ çay kaşığı kimyon tohumu

¼ çay kaşığı hardal tohumu

1 çay kaşığı zencefil ezmesi

1 tatlı kaşığı sarımsak ezmesi

2 yeşil biber, ince kıyılmış

1 yemek kaşığı yer fıstığı, öğütülmüş

1 yemek kaşığı chana dhal*, kavrulmuş ve öğütülmüş

1 tatlı kaşığı pul biber

¼ çay kaşığı zerdeçal

1 çay kaşığı garam masala

1 limon suyu

50g kişniş yaprağı, ince kıyılmış

Yöntem

- Kuzu soğan, su ve tuz ile karıştırın. Bu karışımı bir tencerede orta ateşte 40 dakika pişirin. Kenara koyun.

- Yağı bir tencerede ısıtın. Defne yapraklarını, kimyon tohumlarını ve hardal tohumlarını ekleyin. 30 saniye boyunca tükürmelerine izin verin.

- Zencefil ezmesi, sarımsak ezmesi ve yeşil biber ekleyin. Sürekli karıştırarak orta ateşte bir dakika kızartın.

- Yer fıstığı, chana dhal, kırmızı biber tozu, zerdeçal ve garam masala ekleyin. 1-2 dakika kızartmaya devam edin.

- Kuzu karışımını ekleyin. İyice karıştırın. Bir kapakla örtün ve ara sıra karıştırarak 45 dakika pişirin.

- Üzerine limon suyu ve kişniş yapraklarını serpip sıcak servis yapın.

Rogan Josh

(Keşmir Kuzu Köri)

4 kişilik

İçindekiler

1 limon suyu

200g yoğurt

tatmak için tuz

750g/1lb 10oz kuzu eti, 2,5 cm/1 inç parçalar halinde doğranmış

75g/2½oz ghee artı derin kızartma için ekstra

2 büyük soğan, ince dilimlenmiş

2,5 cm/1 inç tarçın

3 karanfil

4 yeşil kakule bakla

1 çay kaşığı zencefil ezmesi

1 tatlı kaşığı sarımsak ezmesi

1 çay kaşığı öğütülmüş kişniş

1 çay kaşığı öğütülmüş kimyon

3 büyük domates, ince doğranmış

750ml/1¼ pint su

10g/¼oz kişniş yaprağı, ince kıyılmış

Yöntem

- Limon suyu, yoğurt ve tuzu karıştırın. Kuzu bu karışımla bir saat kadar marine edin.

- Kızartmak için sıvıyağ bir tavada kızdırılır. Soğanları ekleyin ve altın rengi kahverengi olana kadar orta ateşte kızartın. Süzün ve bir kenara koyun.

- Kalan yağı bir tencerede ısıtın. Tarçın, karanfil ve kakule ekleyin. 15 saniye boyunca dağılmalarına izin verin.

- Marine edilmiş kuzu etini ekleyin ve orta ateşte 6-7 dakika kızartın.

- Zencefil ezmesini ve sarımsak ezmesini ekleyin. 2 dakika soteleyin.

- Öğütülmüş kişniş, öğütülmüş kimyon ve domatesleri ekleyin, iyice karıştırın ve bir dakika daha pişirin.

- Suyu ekleyin. Bir kapakla örtün ve ara sıra karıştırarak 40 dakika pişirin.

- Kişniş yaprakları ve kızarmış soğan ile süsleyin. Sıcak servis yapın.

Izgara Domuz Kaburga

4 kişilik

İçindekiler

6 yeşil biber

5cm/2in kök zencefil

15 diş sarımsak

¼ küçük çiğ papaya, öğütülmüş

200g yoğurt

2 yemek kaşığı rafine bitkisel yağ

2 yemek kaşığı limon suyu

tatmak için tuz

750g/1lb 10oz yedek kaburga, 4 parçaya bölünmüş

Yöntem

- Yeşil biberleri, zencefili, sarımsağı ve çiğ papayayı kalın bir macun oluşturacak kadar suyla öğütün.

- Bu macunu kaburgalar hariç kalan malzemelerle karıştırın. Kaburgaları bu karışımla 4 saat marine edin.

- Marine edilmiş kaburgaları ara sıra çevirerek 40 dakika ızgara yapın. Sıcak servis yapın.

Hindistan Cevizi Sütlü Sığır Eti

4 kişilik

İçindekiler

5 yemek kaşığı rafine bitkisel yağ

675g/1½lb sığır eti, 5cm/2in şeritler halinde doğranmış

3 büyük soğan, ince doğranmış

8 diş sarımsak, ince kıyılmış

2,5 cm/1 inç kök zencefil, ince kıyılmış

2 yeşil biber, uzunlamasına dilimlenmiş

2 çay kaşığı öğütülmüş kişniş

2 çay kaşığı öğütülmüş kimyon

2,5 cm/1 inç tarçın

tatmak için tuz

500ml/16fl ons su

500ml/16fl oz hindistan cevizi sütü

Yöntem

- 3 yemek kaşığı yağı bir tavada kızdırın. Et şeritlerini porsiyonlar halinde ekleyin ve ara sıra çevirerek 12-15 dakika kısık ateşte kızartın. Süzün ve bir kenara koyun.

- Kalan yağı bir tencerede ısıtın. Soğan, sarımsak, zencefil ve yeşil biberleri ekleyin. 2-3 dakika orta ateşte kızartın.

- Kızartılmış dana şeritlerini, öğütülmüş kişnişi, öğütülmüş kimyonu, tarçını, tuzu ve suyu ekleyin. 40 dakika kaynatın.

- Hindistan cevizi sütünü ekleyin. Sık sık karıştırarak 20 dakika pişirin. Sıcak servis yapın.

domuz kebabı

4 kişilik

İçindekiler

100ml/3½fl ons hardal yağı

3 yemek kaşığı limon suyu

1 küçük soğan, öğütülmüş

2 çay kaşığı sarımsak ezmesi

1 çay kaşığı hardal tozu

1 çay kaşığı öğütülmüş karabiber

tatmak için tuz

600g/1lb 5oz kemiksiz domuz eti, 3,5cm/1½in parçalar halinde doğranmış

Yöntem

- Domuz eti hariç tüm malzemeleri birlikte karıştırın. Domuz etini bu karışımla bir gece marine edin.

- Marine edilmiş domuz etini şişleyin ve 30 dakika ızgara yapın. Sıcak servis yapın.

Dana Biber Kızartması

4 kişilik

İçindekiler

750 gr/1 lb 10 oz sığır eti, 2,5 cm/1 inç parçalar halinde doğranmış

6 karabiber

3 büyük soğan, dilimlenmiş

1 litre/1¾ pint su

tatmak için tuz

4 yemek kaşığı rafine bitkisel yağ

2,5 cm/1 inç kök zencefil, ince kıyılmış

8 diş sarımsak, ince kıyılmış

4 yeşil biber

1 yemek kaşığı limon suyu

50g/1¾oz kişniş yaprağı

Yöntem

- Dana eti karabiber, 1 adet kuru soğan, su ve tuz ile karıştırın. Bu karışımı bir tencerede orta ateşte 40 dakika pişirin. Süzün ve bir kenara koyun. Stoku rezerve edin.

- Yağı bir tencerede ısıtın. Kalan soğanları orta ateşte pembeleşinceye kadar kavurun. Zencefili, sarımsağı ve yeşil biberi ekleyin. 4-5 dakika kızartın.

- Limon suyunu ve et karışımını ekleyin. 7-8 dakika pişirmeye devam edin. Ayrılmış stoğu ekleyin.

- Bir kapakla örtün ve ara sıra karıştırarak 40 dakika pişirin. Kişniş yapraklarını ekleyin ve iyice karıştırın. Sıcak servis yapın.

Sığır Eti İskoç Yumurtası

4 kişilik

İçindekiler

500g/1lb 2oz sığır eti, kıyılmış

tatmak için tuz

1 litre/1¾ pint su

3 yemek kaşığı bezelye*

1 yumurta, çırpılmış

25 gr/az 1 ons nane yaprağı, ince kıyılmış

25 gr/az 1 ons kişniş yaprağı, doğranmış

8 haşlanmış yumurta

Derin kızartma için rafine bitkisel yağ

Yöntem

- Eti tuz ve su ile karıştırın. Bir tencerede kısık ateşte 45 dakika pişirin. Bir macun haline getirin ve besan, çırpılmış yumurta, nane ve kişniş yaprakları ile karıştırın. Bu karışımı haşlanmış yumurtaların etrafına sarın.
- Yağı bir tavada ısıtın. Sarılı yumurtaları ekleyin ve orta ateşte kızarana kadar kızartın. Sıcak servis yapın.

Malabar Usulü Kuru Dana Eti

4 kişilik

İçindekiler

675g/1½lb sığır eti, doğranmış

4 yemek kaşığı rafine bitkisel yağ

3 büyük soğan, dilimlenmiş

1 domates, ince doğranmış

100g/3½oz kurutulmuş hindistan cevizi

1 tatlı kaşığı pul biber

1 çay kaşığı garam masala

1 çay kaşığı öğütülmüş kişniş

1 çay kaşığı öğütülmüş kimyon

tatmak için tuz

1 litre/1¾ pint su

Baharat karışımı için:

3,5 cm/1½ inç kök zencefil

6 yeşil biber

1 yemek kaşığı öğütülmüş kişniş

10 köri yaprağı

1 yemek kaşığı sarımsak ezmesi

Yöntem

- Kalın bir macun oluşturmak için tüm baharat karışımı malzemelerini birlikte öğütün. Eti bu karışımla bir saat kadar marine edin.
- Yağı bir tencerede ısıtın. Orta ateşte soğanları pembeleşinceye kadar kavurun. Eti ekleyin ve 6-7 dakika kızartın.
- Kalan malzemeleri ekleyin. 40 dakika pişirin ve sıcak servis yapın.

Moghlai Kuzu Pirzola

4 kişilik

İçindekiler

5cm/2in kök zencefil

8 diş sarımsak

6 adet kuru kırmızı biber

2 çay kaşığı limon suyu

tatmak için tuz

8 kuzu pirzola, dövülmüş ve düzleştirilmiş

150g/5½oz yağ

2 büyük patates, dilimlenmiş ve derin yağda kızartılmış

2 büyük soğan

Yöntem

- Zencefili, sarımsağı ve kırmızıbiberi limon suyu, tuz ve yeterince su ile pürüzsüz bir macun kıvamına gelinceye kadar öğütün. Pirzolaları bu karışımla 4-5 saat marine edin.
- Yağı bir tavada ısıtın. Marine edilmiş pirzolaları ekleyin ve orta ateşte 8-10 dakika kızartın.
- Soğanları ve kızarmış patatesleri ekleyin. 15 dakika pişirin. Sıcak servis yapın.

Bamya ile Dana

4 kişilik

İçindekiler

4½ yemek kaşığı rafine bitkisel yağ

200g bamya

2 büyük soğan, ince doğranmış

2,5 cm/1 inç kök zencefil, ince kıyılmış

4 diş sarımsak, ince kıyılmış

750 gr/1 lb 10 oz sığır eti, 2,5 cm/1 inç parçalar halinde doğranmış

4 adet kurutulmuş kırmızı biber

1 yemek kaşığı öğütülmüş kişniş

½ yemek kaşığı öğütülmüş kimyon

1 çay kaşığı garam masala

2 domates, ince doğranmış

tatmak için tuz

1 litre/1¾ pint su

Yöntem

- 2 yemek kaşığı yağı bir tavada kızdırın. Bamyayı ekleyin ve gevrek ve kahverengi olana kadar orta ateşte kızartın. Süzün ve bir kenara koyun.
- Kalan yağı bir tencerede ısıtın. Soğanları yarı saydam olana kadar orta ateşte kızartın. Zencefili ve sarımsağı ekleyin. Bir dakika kızartın.
- Sığır eti ekleyin. 5-6 dakika kızartın. Kalan tüm malzemeleri ve bamyayı ekleyin. Sık sık karıştırarak 40 dakika pişirin. Sıcak servis yapın.

Dana Baffad

(Hindistan cevizi ve sirke ile pişirilmiş dana eti)

4 kişilik

İçindekiler

675g/1½lb sığır eti, doğranmış

tatmak için tuz

1 litre/1¾ pint su

1 çay kaşığı zerdeçal

½ çay kaşığı karabiber

½ çay kaşığı kimyon tohumu

5-6 karanfil

2,5 cm/1 inç tarçın

12 diş sarımsak, ince kıyılmış

2,5 cm/1 inç kök zencefil, ince kıyılmış

100g/3½oz taze hindistan cevizi, rendelenmiş

6 yemek kaşığı malt sirkesi

5 yemek kaşığı rafine bitkisel yağ

2 büyük soğan, ince doğranmış

Yöntem

- Eti tuz ve su ile karıştırın ve ara sıra karıştırarak orta ateşte 45 dakika bir tencerede pişirin. Kenara koyun.
- Yağ ve soğan hariç kalan malzemeleri birlikte öğütün.
- Yağı bir tencerede ısıtın. Zemin karışımını ve soğanları ekleyin.
- Orta ateşte 3-4 dakika kızartın. Et karışımını ekleyin. Ara sıra karıştırarak 20 dakika pişirin. Sıcak servis yapın.

Badami Gosht

(Bademli Kuzu)

4 kişilik

İçindekiler

5 yemek kaşığı tereyağı

3 büyük soğan, ince doğranmış

12 diş sarımsak, ezilmiş

3,5 cm/1½ inç kök zencefil, ince kıyılmış

750g/1lb 10oz kuzu, doğranmış

75g/2½oz öğütülmüş badem

1 yemek kaşığı garam masala

tatmak için tuz

250g yoğurt

360ml/12fl oz hindistan cevizi sütü

500ml/16fl ons su

Yöntem

- Yağı bir tencerede ısıtın. Yoğurt, hindistan cevizi sütü ve su hariç tüm malzemeleri ekleyin. İyice karıştırın. 10 dakika kısık ateşte soteleyin.
- Kalan malzemeleri ekleyin. 40 dakika kaynatın. Sıcak servis yapın.

Hint Kızarmış Sığır Eti

4 kişilik

İçindekiler

30g/1oz çedar peyniri, rendelenmiş

½ çay kaşığı öğütülmüş karabiber

1 tatlı kaşığı pul biber

10g/¼oz kişniş yaprağı, doğranmış

10g/¼oz nane yaprağı, ince kıyılmış

1 çay kaşığı zencefil ezmesi

1 tatlı kaşığı sarımsak ezmesi

25g/yetersiz 1 oz galeta unu

1 yumurta, çırpılmış

tatmak için tuz

675g kemiksiz sığır eti, düzleştirilmiş ve 8 parçaya bölünmüş

5 yemek kaşığı rafine bitkisel yağ

500ml/16fl ons su

Yöntem

- Et, yağ ve su hariç tüm malzemeleri karıştırın.
- Bu karışımı her bir sığır eti parçasının bir tarafına uygulayın. Her birini yuvarlayın ve mühürlemek için bir ip ile bağlayın.
- Yağı bir tencerede ısıtın. Ruloları ekleyin ve orta ateşte 8 dakika kızartın. Suyu ekleyin ve iyice karıştırın. 30 dakika kaynatın. Sıcak servis yapın.

Khatta Pudina Pirzola

(Acı Nane Pirzola)

4 kişilik

İçindekiler

1 çay kaşığı öğütülmüş kimyon

1 yemek kaşığı öğütülmüş beyaz biber

2 çay kaşığı garam masala

5 çay kaşığı limon suyu

4 yemek kaşığı tek krema

150g yoğurt

250ml/8 fl ons nane turşusu

2 yemek kaşığı mısır unu

¼ küçük papaya, öğütülmüş

1 yemek kaşığı sarımsak ezmesi

1 yemek kaşığı zencefil ezmesi

1 çay kaşığı öğütülmüş çemen otu

tatmak için tuz

675g kuzu pirzola

Teyel için rafine bitkisel yağ

Yöntem

- Kuzu pirzola ve yağ hariç tüm malzemeleri karıştırın. Pirzolaları bu karışımla 5 saat marine edin.
- Pirzolaları yağ ile yağlayın ve 15 dakika ızgara yapın. Sıcak servis yapın.

Hint Dana Biftek

4 kişilik

İçindekiler

675g/1½lb sığır eti, biftek için dilimlenmiş

3,5 cm/1½ inç kök zencefil, ince kıyılmış

12 diş sarımsak, ince kıyılmış

2 yemek kaşığı öğütülmüş karabiber

4 orta boy soğan, ince kıyılmış

4 yeşil biber, ince kıyılmış

3 yemek kaşığı sirke

750ml/1¼ pint su

tatmak için tuz

5 yemek kaşığı rafine bitkisel yağ artı kızartma için ekstra

Yöntem

- Kızartmak için sıvı yağ hariç tüm malzemeleri bir sos tenceresine alıp karıştırın.
- Sıkı bir kapakla örtün ve ara sıra karıştırarak 45 dakika pişirin.
- Kalan yağı bir tavada ısıtın. Pişen biftek karışımını ekleyin ve ara sıra çevirerek orta ateşte 5-7 dakika soteleyin. Sıcak servis yapın.

Yeşil Soslu Kuzu

4 kişilik

İçindekiler

4 yemek kaşığı rafine bitkisel yağ

3 büyük soğan, rendelenmiş

1½ çay kaşığı zencefil ezmesi

1 tatlı kaşığı sarımsak ezmesi

675g/1½lb kuzu, 2,5cm/1in parçalar halinde doğranmış

½ çay kaşığı öğütülmüş tarçın

½ çay kaşığı öğütülmüş karanfil

½ çay kaşığı öğütülmüş siyah kakule

6 adet kuru kırmızı biber, öğütülmüş

2 çay kaşığı öğütülmüş kişniş

½ çay kaşığı öğütülmüş kimyon

10g/¼oz kişniş yaprağı, ince kıyılmış

4 domates, püre

tatmak için tuz

500ml/16fl ons su

Yöntem

- Yağı bir tencerede ısıtın. Soğan, zencefil ezmesi ve sarımsak ezmesi ekleyin. 2-3 dakika orta ateşte kızartın.

- Su hariç kalan tüm malzemeleri ekleyin. İyice karıştırın ve 8-10 dakika kızartın. Suyu ekleyin. Bir kapakla örtün ve ara sıra karıştırarak 40 dakika pişirin. Sıcak servis yapın.

Kolay Kuzu Kıyma

4 kişilik

İçindekiler

3 yemek kaşığı hardal yağı

2 büyük soğan, ince doğranmış

7,5 cm/3 inç kök zencefil, ince kıyılmış

2 çay kaşığı iri öğütülmüş karabiber

2 çay kaşığı öğütülmüş kimyon

tatmak için tuz

1 çay kaşığı zerdeçal

750g/1lb 10oz kuzu kıyma

500ml/16fl ons su

Yöntem

- Yağı bir tencerede ısıtın. Soğan, zencefil, biber, öğütülmüş kimyon, tuz ve zerdeçal ekleyin. 2 dakika kızartın. Kıymayı ekleyin. 8-10 dakika kızartın.
- Suyu ekleyin. İyice karıştırın ve 30 dakika pişirin. Sıcak servis yapın.

Domuz Sorpotel

(Goan Gravy'de pişirilmiş Domuz Ciğeri)

4 kişilik

İçindekiler

250ml/8 fl ons malt sirkesi

8 adet kuru kırmızı biber

10 karabiber

1 çay kaşığı kimyon tohumu

1 yemek kaşığı kişniş tohumu

1 çay kaşığı zerdeçal

500g/1lb 2oz domuz eti

250g karaciğer

tatmak için tuz

1 litre/1¾ pint su

120ml/4 fl oz rafine bitkisel yağ

5 cm/2 inç kök zencefil, ince dilimlenmiş

20 diş sarımsak, ince kıyılmış

6 yeşil biber, uzunlamasına dilimlenmiş

Yöntem

- Sirkenin yarısını kırmızı biber, karabiber, kimyon tohumu, kişniş tohumu ve zerdeçal ile ince bir macun haline getirin. Kenara koyun.
- Domuz eti ve karaciğeri tuz ve suyla karıştırın. Bir tencerede 30 dakika pişirin. Stoğu boşaltın ve rezerve edin. Domuz eti ve karaciğeri küp küp doğrayın. Kenara koyun.
- Yağı bir tencerede ısıtın. Doğranmış eti ekleyin ve 12 dakika kısık ateşte kızartın. Hamuru ve kalan tüm malzemeleri ekleyin. İyice karıştırın.
- 15 dakika kızartın. Stok ekleyin. 15 dakika kaynatın. Sıcak servis yapın.

Kuzu Turşusu

4 kişilik

İçindekiler

750g/1lb 10oz kuzu eti, ince şeritler halinde doğranmış

tatmak için tuz

1 litre/1¾ pint su

6 yemek kaşığı rafine bitkisel yağ

1 çay kaşığı zerdeçal

4 yemek kaşığı limon suyu

2 yemek kaşığı öğütülmüş kimyon, kuru kavrulmuş

4 yemek kaşığı öğütülmüş susam

7,5 cm/3 inç kök zencefil, ince kıyılmış

12 diş sarımsak, ince kıyılmış

Yöntem

- Kuzu etini tuz ve suyla karıştırın ve bir tencerede orta ateşte 40 dakika pişirin. Süzün ve bir kenara koyun.
- Yağı bir tavada ısıtın. Kuzu ekleyin ve orta ateşte 10 dakika kızartın. Süzün ve kalan malzemelerle karıştırın. Soğuk servis yapın.

haleem

(İran usulü pişmiş koyun eti)

4 kişilik

İçindekiler

500g/1lb 2oz buğday, 2-3 saat ıslatılmış ve süzülmüş

1,5 litre/2¾ pint su

tatmak için tuz

500g/1lb 2oz koyun eti, doğranmış

4-5 yemek kaşığı sıvıyağ

3 büyük soğan, dilimlenmiş

1 çay kaşığı zencefil ezmesi

1 tatlı kaşığı sarımsak ezmesi

1 çay kaşığı zerdeçal

1 çay kaşığı garam masala

Yöntem

- Buğdayı 250 ml/8 fl oz su ve biraz tuzla karıştırın. Bir tencerede orta ateşte 30 dakika pişirin. İyice ezin ve kenara koyun.
- Kuzu etini kalan su ve tuz ile bir tencerede 45 dakika pişirin. Süzün ve ince bir macun haline getirin. Stoku rezerve edin.
- Yağı ısıtın. Soğanları kahverengi olana kadar kısık ateşte kızartın. Zencefil ezmesi, sarımsak ezmesi, zerdeçal ve kıyma ekleyin. 8 dakika kızartın. Buğdayı, suyu ve garam masalayı ekleyin. 20 dakika pişirin. Sıcak servis yapın.

Yeşil Masala Kuzu Pirzola

4 kişilik

İçindekiler

675g koyun pirzolası

tatmak için tuz

1 çay kaşığı zerdeçal

500ml/16fl ons su

2 yemek kaşığı öğütülmüş kişniş

1 çay kaşığı öğütülmüş kimyon

1 yemek kaşığı zencefil ezmesi

1 yemek kaşığı sarımsak ezmesi

100g/3½oz kişniş yaprağı, öğütülmüş

1 çay kaşığı limon suyu

1 çay kaşığı öğütülmüş karabiber

1 çay kaşığı garam masala

60g/2oz sade beyaz un

Kızartma için rafine bitkisel yağ

2 yumurta, çırpılmış

50g/1¾oz galeta unu

Yöntem

- Eti tuz, zerdeçal ve suyla karıştırın. Bir tencerede orta ateşte 30 dakika pişirin. Süzün ve bir kenara koyun.
- Un, yağ, yumurta ve ekmek kırıntıları hariç kalan malzemeleri karıştırın.
- Pirzolaları bu karışımla kaplayın ve un serpin.
- Yağı bir tavada ısıtın. Pirzolaları yumurtaya batırın, galeta ununa bulayın ve kızarana kadar kızartın. Çevir ve tekrarla. Sıcak servis yapın.

Çemen Kuzu Ciğer

4 kişilik

İçindekiler

4 yemek kaşığı rafine bitkisel yağ

2 büyük soğan, ince doğranmış

¾ çay kaşığı zencefil ezmesi

¾ çay kaşığı sarımsak ezmesi

50g çemen otu yaprağı, doğranmış

600g/1lb 5oz kuzu ciğeri, doğranmış

3 domates, ince doğranmış

1 çay kaşığı garam masala

120ml/4 fl ons sıcak su

1 yemek kaşığı limon suyu

tatmak için tuz

Yöntem

- Yağı bir tencerede ısıtın. Soğanları yarı saydam olana kadar orta ateşte kızartın. Zencefil ezmesini ve sarımsak ezmesini ekleyin. 1-2 dakika kızartın.
- Çemen otu yapraklarını ve karaciğeri ekleyin. 5 dakika soteleyin.

- Kalan malzemeleri ekleyin. 40 dakika pişirin ve sıcak servis yapın.

Hüseyin Dana Eti

(Kuzey Hindistan usulü Sos ile pişirilmiş dana eti)

4 kişilik

İçindekiler

4 yemek kaşığı rafine bitkisel yağ

675g/1½lb sığır eti, ince kıyılmış

125 gr yoğurt

tatmak için tuz

750ml/1¼ pint su

Baharat karışımı için:

4 büyük soğan

8 diş sarımsak

2,5 cm/1 inç kök zencefil

2 çay kaşığı garam masala

1 çay kaşığı zerdeçal

2 çay kaşığı öğütülmüş kişniş

1 çay kaşığı öğütülmüş kimyon

Yöntem

- Baharat karışımı bileşenlerini birlikte kalın bir macun haline getirin.
- Yağı bir tencerede ısıtın. Salçayı ekleyip orta ateşte 4-5 dakika kavurun. Sığır eti ekleyin. İyice karıştırın ve 8-10 dakika kızartın.
- Üzerine yoğurt, tuz ve suyu ekleyin. İyice karıştırın. Bir kapakla örtün ve ara sıra karıştırarak 40 dakika pişirin. Sıcak servis yapın.

methi kuzu

(Çemen Otu ile Kuzu)

4 kişilik

İçindekiler

120ml/4 fl oz rafine bitkisel yağ

1 büyük soğan, ince dilimlenmiş

6 diş sarımsak, ince kıyılmış

600g/1lb 5oz kuzu eti, doğranmış

50g/1¾oz taze çemen otu yaprağı, ince kıyılmış

½ çay kaşığı zerdeçal

1 çay kaşığı öğütülmüş kişniş

125 gr yoğurt

600ml/1 litre su

½ çay kaşığı öğütülmüş yeşil kakule

tatmak için tuz

Yöntem

- Yağı bir tencerede ısıtın. Soğanı ve sarımsağı ekleyip orta ateşte 4 dakika kavurun.
- Kuzu ekleyin. 7-8 dakika kızartın. Kalan malzemeleri ekleyin. İyice karıştırın ve 45 dakika pişirin. Sıcak servis yapın.

Sığır Eti

(Doğu Hint usulü Sosta pişirilmiş sığır eti)

4 kişilik

İçindekiler

675g/1½lb sığır eti, doğranmış

2,5 cm/1 inç tarçın

6 karanfil

tatmak için tuz

1 litre/1¾ pint su

5 yemek kaşığı rafine bitkisel yağ

3 büyük patates, dilimlenmiş

Baharat karışımı için:

60ml/2 fl ons malt sirkesi

3 büyük soğan

2,5 cm/1 inç kök zencefil

8 diş sarımsak

½ çay kaşığı zerdeçal

2 adet kuru kırmızı biber

2 çay kaşığı kimyon tohumu

Yöntem

- Eti tarçın, karanfil, tuz ve su ile karıştırın. Bir tencerede orta ateşte 45 dakika pişirin. Kenara koyun.
- Baharat karışımı malzemelerini kalın bir macun haline getirin.
- Yağı bir tencerede ısıtın. Baharat karışımı salçasını ekleyin ve 5-6 dakika kısık ateşte kızartın. Sığır eti ve patatesleri ekleyin. İyice karıştırın. 15 dakika demlendirip sıcak servis yapın.

Kuzu Güveç

4 kişilik

İçindekiler

3 yemek kaşığı rafine bitkisel yağ

2 büyük soğan, ince doğranmış

4 diş sarımsak, ince kıyılmış

500g/1lb 2oz kuzu eti, kıyılmış

2 çay kaşığı öğütülmüş kimyon

6 yemek kaşığı domates püresi

150g/5½oz konserve barbunya fasulyesi

250ml/8 fl ons et suyu

tatmak için öğütülmüş karabiber

tatmak için tuz

Yöntem

- Yağı bir tencerede ısıtın. Soğan ve sarımsağı ekleyip orta ateşte 2-3 dakika kavurun. Kıymayı ekleyin ve 10 dakika soteleyin. Kalan malzemeleri ekleyin. İyice karıştırın ve 30 dakika pişirin.
- Fırına dayanıklı bir kaba aktarın. 180°C (350°F, Gas Mark 4) fırında 25 dakika pişirin. Sıcak servis yapın.

Kakule Aromalı Kuzu

4 kişilik

İçindekiler

tatmak için tuz

200g yoğurt

1½ yemek kaşığı zencefil ezmesi

2½ çay kaşığı sarımsak ezmesi

2 yemek kaşığı öğütülmüş yeşil kakule

675g/1½lb kuzu, 3,5cm/1½in parçalar halinde doğranmış

6 yemek kaşığı tereyağı

6 karanfil

7,5 cm/3 inç tarçın, iri öğütülmüş

4 büyük soğan, ince dilimlenmiş

½ çay kaşığı safran, 2 yemek kaşığı sütle ıslatılmış

1 litre/1¾ pint su

125g kavrulmuş ceviz

Yöntem

- Tuz, yoğurt, zencefil ezmesi, sarımsak ezmesi ve kakuleyi karıştırın. Eti bu karışımla 2 saat marine edin.
- Yağı bir tencerede ısıtın. Karanfil ve tarçını ekleyin. 15 saniye boyunca dağılmalarına izin verin.
- Soğanları ekleyin. 3-4 dakika kızartın. Marine edilmiş et, safran ve suyu ekleyin. İyice karıştırın. Bir kapakla örtün ve 40 dakika pişirin.
- Üzerini cevizle süsleyerek sıcak servis yapın.

Kheema

(Dana Kıyma)

4 kişilik

İçindekiler

5 yemek kaşığı rafine bitkisel yağ

4 büyük soğan, ince doğranmış

1 çay kaşığı zencefil ezmesi

1 tatlı kaşığı sarımsak ezmesi

3 domates, ince doğranmış

2 çay kaşığı garam masala

200g/7oz dondurulmuş bezelye

tatmak için tuz

675g/1½lb sığır eti, kıyılmış

500ml/16fl ons su

Yöntem

- Yağı bir tencerede ısıtın. Soğanları ekleyin ve orta ateşte kahverengi olana kadar kızartın. Zencefil ezmesi, sarımsak ezmesi, domates, garam masala, bezelye ve tuzu ekleyin. İyice karıştırın. 3-4 dakika kızartın.
- Sığır eti ve suyu ekleyin. İyice karıştırın. 40 dakika pişirin ve sıcak servis yapın.

Baharatlı Domuz Kızartması

4 kişilik

İçindekiler

675g/1½lb domuz eti, doğranmış

2 büyük soğan, ince doğranmış

1 çay kaşığı rafine bitkisel yağ

1 litre/1¾ pint su

tatmak için tuz

Baharat karışımı için:

250ml/8 fl ons sirke

2 büyük soğan

1 yemek kaşığı zencefil ezmesi

1 yemek kaşığı sarımsak ezmesi

1 yemek kaşığı öğütülmüş karabiber

1 yemek kaşığı yeşil biber

1 yemek kaşığı zerdeçal

1 yemek kaşığı toz biber

1 yemek kaşığı karanfil

5 cm/2 inç tarçın

1 yemek kaşığı yeşil kakule bakla

Yöntem

- Baharat karışımı malzemelerini kalın bir macun haline getirin.
- Kalan malzemelerle bir kapta karıştırın. Sıkı bir kapakla örtün ve 50 dakika pişirin. Sıcak servis yapın.

Tandır Raan

(Tandırda pişirilmiş Baharatlı Kuzu Bacak)

4 kişilik

İçindekiler

675g/1½lb kuzu budu

400g/14oz yoğurt

2 yemek kaşığı limon suyu

2 çay kaşığı zencefil ezmesi

2 çay kaşığı sarımsak ezmesi

1 çay kaşığı öğütülmüş karanfil

1 çay kaşığı öğütülmüş tarçın

2 çay kaşığı toz biber

1 çay kaşığı hindistan cevizi, rendelenmiş

bir tutam topuz

tatmak için tuz

Teyel için rafine bitkisel yağ

Yöntem

- Kuzunun her yerini çatalla delin.
- Yağ hariç kalan malzemeleri iyice karıştırın. Kuzu bu karışımla 4-6 saat marine edin.
- Kuzu eti 180°C (350°F, Gas Mark 4) fırında 1½-2 saat ara sıra teyelleyerek kızartın. Sıcak servis yapın.

Tala Kuzu

(Kızarmış Kuzu)

4 kişilik

İçindekiler

675g/1½lb kuzu, 5cm/2in parçalar halinde doğranmış

tatmak için tuz

1 litre/1¾ pint su

4 yemek kaşığı tereyağı

2 büyük soğan, dilimlenmiş

Baharat karışımı için:

8 kuru biber

1 çay kaşığı zerdeçal

1½ yemek kaşığı garam masala

2 çay kaşığı haşhaş tohumu

3 büyük soğan, ince doğranmış

1 çay kaşığı demirhindi ezmesi

Yöntem

- Kalın bir macun yapmak için baharat karışımı malzemelerini suyla öğütün.
- Bu salçayı et, tuz ve su ile karıştırın. Bir tencerede orta ateşte 40 dakika pişirin. Kenara koyun.
- Yağı bir tencerede ısıtın. Soğanları ekleyin ve orta ateşte kahverengi olana kadar kızartın. Et karışımını ekleyin. 6-7 dakika kaynatıp sıcak servis yapın.

kızarmış dil

4 kişilik

İçindekiler

900g/2lb sığır dili

tatmak için tuz

1 litre/1¾ pint su

1 çay kaşığı tereyağı

3 büyük soğan, ince doğranmış

5 cm/2 inç kök zencefil, jülyen doğranmış

4 domates, ince doğranmış

125 gr dondurulmuş bezelye

10g/¼oz nane yaprağı, ince kıyılmış

1 çay kaşığı malt sirkesi

1 çay kaşığı öğütülmüş karabiber

½ yemek kaşığı garam masala

Yöntem

- Dili tuz ve su ile bir tencereye koyun ve orta ateşte 45 dakika pişirin. Süzün ve bir süre soğutun. Cildi soyun ve şeritler halinde doğrayın. Kenara koyun.
- Yağı bir tencerede ısıtın. Soğanları ve zencefili ekleyip orta ateşte 2-3 dakika kavurun. Pişmiş dili ve kalan tüm malzemeleri ekleyin. 20 dakika kaynatın. Sıcak servis yapın.

Kızarmış Kuzu Böreği

4 kişilik

İçindekiler

75g/2½oz çedar peyniri, rendelenmiş

½ çay kaşığı öğütülmüş karabiber

1 çay kaşığı zencefil ezmesi

1 tatlı kaşığı sarımsak ezmesi

3 yumurta, çırpılmış

50g/1¾oz kişniş yaprağı, doğranmış

100g galeta unu

tatmak için tuz

675g/1½lb kemiksiz koyun eti, 10cm/4in parçalar halinde doğranmış ve düzleştirilmiş

4 yemek kaşığı tereyağı

250ml/8 fl ons su

Yöntem

- Et, yağ ve su hariç tüm malzemeleri karıştırın. Karışımı et parçalarının bir tarafına uygulayın. Her parçayı sıkıca sarın ve bir ip ile bağlayın.
- Yağı bir tavada ısıtın. Koyun eti rulolarını ekleyin ve orta ateşte kızarana kadar kızartın. Suyu ekleyin. 15 dakika demlendirip sıcak servis yapın.

Masala Ciğer Kızartması

4 kişilik

İçindekiler

4 yemek kaşığı rafine bitkisel yağ

675g/1½lb kuzu ciğeri, 5cm/2in şeritler halinde kesilmiş

2 yemek kaşığı zencefil, jülyen doğranmış

15 diş sarımsak, ince kıyılmış

8 yeşil biber, uzunlamasına dilimlenmiş

2 çay kaşığı öğütülmüş kimyon

1 çay kaşığı zerdeçal

125 gr yoğurt

1 çay kaşığı öğütülmüş karabiber

tatmak için tuz

50g/1¾oz kişniş yaprağı, doğranmış

1 limon suyu

Yöntem

- Yağı bir tencerede ısıtın. Ciğer şeritlerini ekleyin ve orta ateşte 10-12 dakika kızartın.
- Zencefil, sarımsak, yeşil biber, kimyon ve zerdeçal ekleyin. 3-4 dakika kızartın. Yoğurt, biber ve tuzu ekleyin. 6-7 dakika soteleyin.
- Kişniş yapraklarını ve limon suyunu ekleyin. 5-6 dakika kısık ateşte soteleyin. Sıcak servis yapın.

Baharatlı Dana Dili

4 kişilik

İçindekiler

900g/2lb sığır dili

tatmak için tuz

1,5 litre/2¾ pint su

2 çay kaşığı kimyon tohumu

12 diş sarımsak

5 cm/2 inç tarçın

4 karanfil

6 adet kuru kırmızı biber

8 karabiber

6 yemek kaşığı malt sirkesi

3 yemek kaşığı rafine bitkisel yağ

2 büyük soğan, ince doğranmış

3 domates, ince doğranmış

1 çay kaşığı zerdeçal

Yöntem

- Dili tuz ve 1,2 litre/2 litre su ile bir tencerede kısık ateşte 45 dakika pişirin. Cildi soyun. Dilleri doğrayın ve bir kenara koyun.
- Pürüzsüz bir macun yapmak için kimyon tohumları, sarımsak, tarçın, karanfil, kuru kırmızı biber ve karabiberleri sirke ile öğütün. Kenara koyun.
- Yağı bir tencerede ısıtın. Soğanları yarı saydam olana kadar orta ateşte kızartın. Öğütülmüş salçayı, doğranmış dili, domatesi, zerdeçalı ve kalan suyu ekleyin. 20 dakika demlendirip sıcak servis yapın.

Kuzu Pasanda

(Yoğurt Soslu Kuzu Kebap)

4 kişilik

İçindekiler

½ yemek kaşığı rafine bitkisel yağ

3 büyük soğan, uzunlamasına dilimlenmiş

¼ küçük olgunlaşmamış papaya, öğütülmüş

200g yoğurt

2 çay kaşığı garam masala

tatmak için tuz

750g/1lb 10oz kemiksiz kuzu eti, 5cm/2in parçalar halinde doğranmış

Yöntem

- Yağı bir tencerede ısıtın. Soğanları kahverengi olana kadar kısık ateşte kızartın.
- Soğanları süzün ve püre haline getirin. Kuzu hariç kalan malzemelerle karıştırın. Kuzu bu karışımla 5 saat marine edin.
- Bir turta kalıbına yerleştirin ve 180°C (350°F, Gaz İşareti 4) fırında 30 dakika pişirin. Sıcak servis yapın.

Kuzu ve Elma Körili

4 kişilik

İçindekiler

5 yemek kaşığı rafine bitkisel yağ

4 büyük soğan, dilimlenmiş

4 büyük domates, beyazlatılmış (bkz.pişirme teknikleri)

½ çay kaşığı sarımsak ezmesi

2 çay kaşığı öğütülmüş kişniş

2 çay kaşığı öğütülmüş kimyon

1 tatlı kaşığı pul biber

30g kaju fıstığı, öğütülmüş

750g/1lb 10oz kemiksiz kuzu eti, 2,5 cm/1 inç parçalar halinde doğranmış

200g yoğurt

1 çay kaşığı öğütülmüş karabiber

tatmak için tuz

750ml/1¼ pint su

4 elma, 3,5 cm/1½ inç parçalar halinde doğranmış

120ml/4fl oz taze tek krem

Yöntem

- Yağı bir tavada ısıtın. Soğanları kahverengi olana kadar kısık ateşte kızartın.
- Domates, sarımsak salçası, kişniş ve kimyonu ekleyin. 5 dakika kızartın.
- Su, elma ve krema hariç kalan malzemeleri ekleyin. İyice karıştırın ve 8-10 dakika soteleyin.
- Suya dökün. 40 dakika kaynatın. Elmaları ekleyin ve 10 dakika karıştırın. Kremayı ekleyin ve 5 dakika daha karıştırın. Sıcak servis yapın.

Andra Usulü Kuru Koyun Eti

4 kişilik

İçindekiler

675g/1½lb koyun eti, doğranmış

4 büyük soğan, ince dilimlenmiş

6 domates, ince doğranmış

1½ çay kaşığı zencefil ezmesi

1½ çay kaşığı sarımsak ezmesi

50g/1¾oz taze hindistan cevizi, rendelenmiş

2½ yemek kaşığı garam masala

½ çay kaşığı öğütülmüş karabiber

1 çay kaşığı zerdeçal

tatmak için tuz

500ml/16fl ons su

6 yemek kaşığı rafine bitkisel yağ

Yöntem

- Yağ hariç tüm malzemeleri birlikte karıştırın. Bir tencerede orta ateşte 40 dakika pişirin. Eti boşaltın ve stoğu atın.
- Başka bir tencerede yağı kızdırın. Pişen etleri ilave edip orta ateşte 10 dakika kavurun. Sıcak servis yapın.

Basit Dana Köri

4 kişilik

İçindekiler

3 yemek kaşığı rafine bitkisel yağ

2 büyük soğan, ince doğranmış

750 gr/1 lb 10 oz sığır eti, 2,5 cm/1 inç parçalar halinde doğranmış

1 çay kaşığı zencefil ezmesi

1 tatlı kaşığı sarımsak ezmesi

1 tatlı kaşığı pul biber

½ çay kaşığı zerdeçal

tatmak için tuz

300g/10oz yoğurt

1,2 litre/2 litre su

Yöntem

- Yağı bir tencerede ısıtın. Soğanları kahverengi olana kadar kısık ateşte kızartın.
- Yoğurt ve su hariç kalan malzemeleri ekleyin. 6-7 dakika kızartın. Yoğurt ve suyu ekleyin. 40 dakika kaynatın. Sıcak servis yapın.

Gosht Korma

(Soslu Zengin Koyun Eti)

4 kişilik

İçindekiler

3 yemek kaşığı haşhaş tohumu

75g kaju fıstığı

50g/1¾oz kurutulmuş hindistan cevizi

3 yemek kaşığı rafine bitkisel yağ

1 büyük soğan, ince dilimlenmiş

2 yemek kaşığı zencefil ezmesi

2 yemek kaşığı sarımsak ezmesi

675g kemiksiz koyun eti, doğranmış

200g yoğurt

10g/¼oz kişniş yaprağı, doğranmış

10g/¼oz nane yaprağı, doğranmış

½ çay kaşığı garam masala

tatmak için tuz

1 litre/1¾ pint su

Yöntem

- Haşhaş tohumlarını, kaju fıstığını ve hindistancevizi kurutun. Kalın bir macun oluşturmak için yeterli su ile öğütün. Kenara koyun.
- Yağı bir tencerede ısıtın. Soğan, zencefil ezmesi ve sarımsak ezmesini orta ateşte 1-2 dakika kızartın.
- Haşhaş tohumu-kaju fıstığı ezmesini ve su hariç diğer malzemeleri ekleyin. İyice karıştırın ve 5-6 dakika kızartın.
- Suyu ekleyin. Sık sık karıştırarak 40 dakika pişirin. Sıcak servis yapın.

Erachi Pirzola

(İhale Koyun Pirzolası)

4 kişilik

İçindekiler

750g/1lb 10oz koyun pirzolası

tatmak için tuz

1 çay kaşığı zerdeçal

1 litre/1¾ pint su

2 yemek kaşığı rafine bitkisel yağ

1 çay kaşığı zencefil ezmesi

1 tatlı kaşığı sarımsak ezmesi

3 büyük soğan, dilimlenmiş

5 adet yeşil biber, uzunlamasına ikiye bölünmüş

2 büyük domates, ince doğranmış

½ çay kaşığı öğütülmüş kişniş

1 yemek kaşığı öğütülmüş karabiber

1 yemek kaşığı limon suyu

2 yemek kaşığı kişniş yaprağı, doğranmış

Yöntem

- Kuzu pirzolaları tuz ve zerdeçal ile 2-3 saat marine edin.
- Eti su ile kısık ateşte 40 dakika pişirin. Kenara koyun.
- Yağı bir tencerede ısıtın. Zencefil ezmesi, sarımsak ezmesi, soğan ve yeşil biberleri ekleyip orta ateşte 3-4 dakika kavurun.
- Domates, öğütülmüş kişniş ve biberi ekleyin. İyice karıştırın. 5-6 dakika kızartın. Eti ekleyin ve 10 dakika soteleyin.

- Limon suyu ve kişniş yaprakları ile süsleyin. Sıcak servis yapın.

Fırında Kıyma

4 kişilik

İçindekiler

3 yemek kaşığı rafine bitkisel yağ

2 büyük soğan, ince doğranmış

6 diş sarımsak, ince kıyılmış

600g/1lb 5oz koyun eti, kıyılmış

2 çay kaşığı öğütülmüş kimyon

125g/4½oz domates püresi

600g/1lb 5oz konserve barbunya fasulyesi

500ml/16fl oz koyun eti suyu

½ çay kaşığı öğütülmüş karabiber

tatmak için tuz

Yöntem

- Yağı bir tencerede ısıtın. Soğan ve sarımsağı ekleyin. 2-3 dakika kısık ateşte kızartın. Kalan malzemeleri ekleyin. 30 dakika kaynatın.
- Fırına dayanıklı bir kaba aktarın ve 200°C (400°F, Gas Mark 6) fırında 25 dakika pişirin. Sıcak servis yapın.

Kaleji Do Pyaaza

(Soğanlı Ciğer)

4 kişilik

İçindekiler

- 4 yemek kaşığı tereyağı
- 3 büyük soğan, ince doğranmış
- 2,5 cm/1 inç kök zencefil, ince kıyılmış
- 10 diş sarımsak, ince kıyılmış
- 4 yeşil biber, uzunlamasına kesilmiş
- 1 çay kaşığı zerdeçal
- 3 domates, ince doğranmış
- 750g/1lb 10oz kuzu ciğeri, doğranmış
- 2 çay kaşığı garam masala
- 200g yoğurt
- tatmak için tuz
- 250ml/8 fl ons su

Yöntem

- Yağı bir tencerede ısıtın. Soğan, zencefil, sarımsak, yeşil biber ve zerdeçal ekleyin ve orta ateşte 3-4 dakika kızartın. Su hariç kalan tüm malzemeleri ekleyin. İyice karıştırın. 7-8 dakika kızartın.
- Suyu ekleyin. Ara sıra karıştırarak 30 dakika pişirin. Sıcak servis yapın.

kemikli kuzu

4 kişilik

İçindekiler

30g/1oz nane yaprağı, ince kıyılmış

3 yeşil biber, ince kıyılmış

12 diş sarımsak, ince kıyılmış

1 limon suyu

675g kuzu budu, 4 parçaya bölünmüş

5 yemek kaşığı rafine bitkisel yağ

tatmak için tuz

500ml/16fl ons su

1 büyük soğan, ince kıyılmış

4 büyük patates, doğranmış

5 küçük patlıcan, ikiye bölünmüş

3 domates, ince doğranmış

Yöntem

- Nane yapraklarını, yeşil biberleri ve sarımsağı yeterince su ile pürüzsüz bir hamur haline getirin. Limon suyunu ekleyin ve iyice karıştırın.
- Eti bu karışımla 30 dakika marine edin.
- Yağı bir tencerede ısıtın. Marine edilmiş eti ekleyin ve 8-10 dakika kısık ateşte kızartın. Tuz ve suyu ekleyip 30 dakika pişirin.
- Kalan tüm malzemeleri ekleyin. 15 dakika demlendirip sıcak servis yapın.

Sığır Vindaloo

(Goan Dana Körili)

4 kişilik

İçindekiler

3 büyük soğan, ince doğranmış

5cm/2in kök zencefil

10 diş sarımsak

1 yemek kaşığı kimyon tohumu

½ yemek kaşığı öğütülmüş kişniş

2 çay kaşığı kırmızı biber

½ çay kaşığı çemen tohumu

½ çay kaşığı hardal tohumu

60ml/2 fl ons malt sirkesi

tatmak için tuz

675g/1½lb kemiksiz sığır eti, 2,5 cm/1 inç parçalar halinde doğranmış

3 yemek kaşığı rafine bitkisel yağ

1 litre/1¾ pint su

Yöntem

- Kalın bir macun oluşturmak için et, yağ ve su dışındaki tüm malzemeleri birlikte öğütün. Eti bu macunla 2 saat marine edin.
- Yağı bir tencerede ısıtın. Marine edilmiş eti ekleyin ve 7-8 dakika kısık ateşte soteleyin. Suyu ekleyin. Ara sıra karıştırarak 40 dakika pişirin. Sıcak servis yapın.

Köri soslu biftek

4 kişilik

İçindekiler

4 yemek kaşığı rafine bitkisel yağ

3 büyük soğan, rendelenmiş

1½ yemek kaşığı öğütülmüş kimyon

1 çay kaşığı zerdeçal

1 tatlı kaşığı pul biber

½ yemek kaşığı öğütülmüş karabiber

4 adet orta boy domates, püre haline getirilmiş

675g/1½lb yağsız sığır eti, 2,5 cm/1 inç parçalar halinde doğranmış

tatmak için tuz

1½ çay kaşığı kuru çemen otu yaprağı

250ml/8 fl oz tek krem

Yöntem

- Yağı bir tencerede ısıtın. Soğanları ekleyin ve orta ateşte pembeleşinceye kadar kavurun.
- Çemen otu yaprakları ve krema hariç kalan malzemeleri ekleyin.
- İyice karıştırın ve 40 dakika pişirin. Çemen otu yapraklarını ve kremayı ekleyin. 5 dakika pişirin ve sıcak servis yapın.

Kabak ile Koyun Eti

4 kişilik

İçindekiler

750g/1lb 10oz koyun eti, doğranmış

200g yoğurt

tatmak için tuz

2 büyük soğan

2,5 cm/1 inç kök zencefil

7 diş sarımsak

5 yemek kaşığı tereyağı

¾ çay kaşığı zerdeçal

1 çay kaşığı garam masala

2 defne yaprağı

750ml/1¼ pint su

400g balkabağı, haşlanmış ve ezilmiş

Yöntem

- Kuzu etlerini yoğurt ve tuz ile 1 saat marine edin.
- Kalın bir macun oluşturmak için soğan, zencefil ve sarımsağı yeterli suyla öğütün. Yağı bir tencerede ısıtın. Zerdeçal ile birlikte salçayı ekleyin ve 3-4 dakika kavurun.
- Garam masala, defne yaprağı ve koyun etini ekleyin. 10 dakika kızartın.
- Suyu ve balkabağını ekleyin. 40 dakika pişirin ve sıcak servis yapın.

Gushtaba

(Keşmir Usulü Koyun Eti)

4 kişilik

İçindekiler

675g kemiksiz koyun eti

6 adet siyah kakule

tatmak için tuz

4 yemek kaşığı tereyağı

4 büyük soğan, halkalar halinde dilimlenmiş

600g/1lb 5oz yoğurt

1 çay kaşığı öğütülmüş rezene tohumu

1 yemek kaşığı öğütülmüş tarçın

1 yemek kaşığı öğütülmüş karanfil

1 yemek kaşığı nane yaprağı, ezilmiş

Yöntem

- Koyun etini kakule ve tuzla yumuşayana kadar dövün. 12 topa bölün ve bir kenara koyun.
- Yağı bir tencerede ısıtın. Soğanları kahverengi olana kadar kısık ateşte kızartın. Yoğurdu ekleyin ve sürekli karıştırarak 8-10 dakika pişirin.
- Köfteleri ve nane yaprakları hariç kalan tüm malzemeleri ekleyin. 40 dakika kaynatın. Nane yapraklarıyla süsleyerek servis yapın.

Karışık Yeşillik ve Baharatlı Koyun Eti

4 kişilik

İçindekiler

5 yemek kaşığı rafine bitkisel yağ

3 büyük soğan, ince doğranmış

750g/1lb 10oz koyun eti, doğranmış

50g/1¾oz amarant yaprağı*, ince doğranmış

100g/3½oz ıspanak yaprağı, ince kıyılmış

50g çemen otu yaprağı, doğranmış

50g/1¾oz dereotu yaprağı, ince kıyılmış

50g/1¾oz kişniş yaprağı, doğranmış

1 çay kaşığı zencefil ezmesi

1 tatlı kaşığı sarımsak ezmesi

3 yeşil biber, ince kıyılmış

1 çay kaşığı zerdeçal

2 çay kaşığı öğütülmüş kişniş

1 çay kaşığı öğütülmüş kimyon

tatmak için tuz

1 litre/1¾ pint su

Yöntem

- Yağı bir tencerede ısıtın. Orta ateşte soğanları pembeleşinceye kadar kavurun. Su hariç kalan malzemeleri ekleyin. 12 dakika soteleyin.
- Suyu ekleyin. 40 dakika pişirin ve sıcak servis yapın.

Limonlu Kuzu

4 kişilik

İçindekiler

750g/1lb 10oz kuzu eti, 2,5 cm/1 inç parçalar halinde doğranmış

2 domates, ince doğranmış

4 yeşil biber, ince kıyılmış

1 çay kaşığı zencefil ezmesi

1 tatlı kaşığı sarımsak ezmesi

2 çay kaşığı garam masala

125 gr yoğurt

500ml/16fl ons su

tatmak için tuz

1 yemek kaşığı rafine bitkisel yağ

10 arpacık

3 yemek kaşığı limon suyu

Yöntem

- Kuzu eti, yağ, arpacık soğanı ve limon suyu hariç kalan tüm malzemelerle karıştırın. Bir tencerede orta ateşte 45 dakika pişirin. Kenara koyun.

- Yağı bir tencerede ısıtın. Arpacık soğanları 5 dakika kısık ateşte kızartın.
- Kuzu köri ile karıştırın ve üstüne limon suyu serpin. Sıcak servis yapın.

Bademli Kuzu Pasanda

(Yoğurt Sosunda Bademli Kuzu Parçacıkları)

4 kişilik

İçindekiler

120ml/4 fl oz rafine bitkisel yağ

4 büyük soğan, ince doğranmış

750g/1lb 10oz kemiksiz kuzu eti, 5cm/2in parçalar halinde doğranmış

3 domates, ince doğranmış

1 çay kaşığı zencefil ezmesi

1 tatlı kaşığı sarımsak ezmesi

2 çay kaşığı öğütülmüş kimyon

1½ çay kaşığı garam masala

tatmak için tuz

200g/7oz Yunan yoğurdu

750ml/1¼ pint su

25 badem, kaba dövülmüş

Yöntem

- Yağı bir tencerede ısıtın. Soğanları ekleyin ve 6 dakika kısık ateşte kızartın. Kuzu ekleyin ve 8-10 dakika kızartın. Yoğurt, su ve badem hariç kalan malzemeleri ekleyin. 5-6 dakika soteleyin.
- Yoğurt, su ve bademlerin yarısını ekleyin. Sık sık karıştırarak 40 dakika pişirin. Kalan bademleri serperek servis yapın.

Domuz Sosisli Biber Kızartması

4 kişilik

İçindekiler

2 yemek kaşığı yağ

1 büyük soğan, dilimlenmiş

400g/14oz domuz sosisi

1 yeşil biber, jülyen doğranmış

1 patates, haşlanmış ve doğranmış

½ çay kaşığı zencefil ezmesi

½ çay kaşığı sarımsak ezmesi

½ çay kaşığı toz biber

¼ çay kaşığı zerdeçal

10g/¼oz kişniş yaprağı, doğranmış

tatmak için tuz

4 yemek kaşığı su

Yöntem

- Yağı bir tencerede ısıtın. Soğanı ekleyin ve bir dakika kızartın. Ateşi kısın ve su hariç diğer malzemeleri ekleyin. Sosisler pişene kadar 10-15 dakika hafifçe kızartın.
- Suyu ekleyin ve 5 dakika kısık ateşte pişirin. Sıcak servis yapın.

Koyun eti Şah Cihan

(Zengin Moghlai Sosunda pişirilmiş koyun eti)

4 kişilik

İçindekiler

5-6 yemek kaşığı tereyağı

4 büyük soğan, dilimlenmiş

675g/1½lb koyun eti, doğranmış

1 litre/1¾ pint su

tatmak için tuz

8-10 badem, dövülmüş

Baharat karışımı için:

8 diş sarımsak

2,5 cm/1 inç kök zencefil

2 çay kaşığı haşhaş tohumu

50g/1¾oz kişniş yaprağı, doğranmış

5 cm/2 inç tarçın

4 karanfil

Yöntem

- Baharat karışımı malzemelerini bir macun haline getirin. Kenara koyun.
- Yağı bir tencerede ısıtın. Soğanları kahverengi olana kadar kısık ateşte kızartın.
- Baharat karışımı ezmesini ekleyin. 5-6 dakika kızartın. Eti ekleyin ve 18-20 dakika soteleyin. Suyu ve tuzu ekleyin. 30 dakika kaynatın.
- Üzerini bademlerle süsleyip sıcak servis yapın.

Basit Körili Tavuk

4 kişilik

İçindekiler

2 yemek kaşığı rafine bitkisel yağ

2 büyük soğan, dilimlenmiş

½ çay kaşığı zerdeçal

1 çay kaşığı zencefil ezmesi

1 tatlı kaşığı sarımsak ezmesi

6 yeşil biber, dilimlenmiş

750g/1lb 10oz tavuk, 8 parçaya bölünmüş

125 gr yoğurt

125g/4½oz khoya*

tatmak için tuz

50g kişniş yaprağı, ince kıyılmış

Yöntem

- Yağı bir tencerede ısıtın. Soğanları ekleyin. Yarı saydam olana kadar kızartın.

- Zerdeçal, zencefil ezmesi, sarımsak ezmesi ve yeşil biberleri ekleyin. 2 dakika orta ateşte kızartın. Tavuğu ekleyin ve 5 dakika kızartın.

- Yoğurt, khoya ve tuzu ekleyin. İyice karıştırın. Bir kapakla örtün ve ara sıra karıştırarak 30 dakika kısık ateşte pişirin.

- Kişniş yaprakları ile süsleyin. Sıcak servis yapın.

Körili Ekşi Tavuk

4 kişilik

İçindekiler

1kg/2¼lb tavuk, 8 parçaya bölünmüş

tatmak için tuz

½ çay kaşığı zerdeçal

4 yemek kaşığı rafine bitkisel yağ

3 soğan, ince kıyılmış

8 köri yaprağı

3 domates, ince doğranmış

1 çay kaşığı zencefil ezmesi

1 tatlı kaşığı sarımsak ezmesi

1 yemek kaşığı öğütülmüş kişniş

1 çay kaşığı garam masala

1 yemek kaşığı demirhindi ezmesi

½ yemek kaşığı öğütülmüş karabiber

250ml/8 fl ons su

Yöntem

- Tavuk parçalarını tuz ve zerdeçalla 30 dakika marine edin.

- Yağı bir tencerede ısıtın. Soğanları ve köri yapraklarını ekleyin. Kısık ateşte soğanlar şeffaflaşana kadar kavurun.

- Kalan tüm malzemeleri ve marine edilmiş tavuğu ekleyin. İyice karıştırın, bir kapakla örtün ve 40 dakika pişirin. Sıcak servis yapın.

Anjeer Kuru Piliç

(İncirli Kuru Tavuk)

4 kişilik

İçindekiler

750g/1lb 10oz tavuk, 12 parçaya bölünmüş

4 yemek kaşığı tereyağı

2 büyük soğan, ince doğranmış

250ml/8 fl ons su

tatmak için tuz

Marine için:

10 adet kuru incir, 1 saat ıslatılmış

1 çay kaşığı zencefil ezmesi

1 tatlı kaşığı sarımsak ezmesi

200g yoğurt

1½ çay kaşığı garam masala

2 yemek kaşığı tek krema

Yöntem

- Tüm marine malzemelerini birlikte karıştırın. Tavuğu bu karışımla bir saat kadar marine edin.

- Yağı bir tencerede ısıtın. Orta ateşte soğanları pembeleşinceye kadar kavurun.

- Marine edilmiş tavuğu, suyu ve tuzu ekleyin. İyice karıştırın, bir kapakla örtün ve 40 dakika pişirin. Sıcak servis yapın.

Tavuk Yoğurt

4 kişilik

İçindekiler

30g/1oz nane yaprağı, ince kıyılmış

30g/1oz kişniş yaprağı, doğranmış

2 çay kaşığı zencefil ezmesi

2 çay kaşığı sarımsak ezmesi

400g/14oz yoğurt

200g/7oz domates püresi

1 limon suyu

1 kg/2¼lb tavuk, 12 parçaya bölünmüş

2 yemek kaşığı rafine bitkisel yağ

4 büyük soğan, ince doğranmış

tatmak için tuz

Yöntem

- Nane yapraklarını ve kişniş yapraklarını ince bir macun haline getirin. Bunu zencefil ezmesi, sarımsak ezmesi, yoğurt, domates püresi ve limon suyu ile karıştırın. Tavuğu bu karışımla 3 saat marine edin.

- Yağı bir tencerede ısıtın. Orta ateşte soğanları pembeleşinceye kadar kavurun.

- Marine edilmiş tavuğu ekleyin. Bir kapakla örtün ve ara sıra karıştırarak 40 dakika pişirin. Sıcak servis yapın.

-

www.ingramcontent.com/pod-product-compliance
Lightning Source LLC
Chambersburg PA
CBHW071238080526
44587CB00013BA/1673